Aktionstabletts selbst gemacht

Wie Sie die kindliche Entwicklung mit leicht verfügbaren Haushaltsgegenständen spielend fördern
- 55 kreative Lernangebote für Kinder von 3 bis 10 Jahren -

Marlene Fingerhut

Email: info@edition-lunerion.de
www.edition-lunerion.de

Psiana eCom UG
Berumer Str. 44
26844 Jemgum

INHALT

Vorwort

Von der Geburt bis zum Erwachsensein ist es ein riesiger Schritt oder, genauer gesagt, sind es viele, viele ganz kleine Schritte. Wie funktioniert all das und wie können Sie Ihr Kind auf diesem Weg am besten begleiten bzw. geleiten?

Entwicklung heißt ein Schlüsselwort – Lernen das andere.

Welche neurobiologischen Prozesse sich im menschlichen Gehirn abspielen, um körperlich und geistig von einem unselbstständigen, unwissenden Baby zu einem unabhängigen, umfassend informierten Erwachsenen zu gedeihen, das kann – und soll – in diesem Buch nicht erklärt werden. Auch sollen – bzw. müssen – leider besondere Fälle, in denen die Entwicklung bzw. das Lernen im Gegensatz zum Hauptanteil der Bevölkerung sehr unterschiedlich verläuft, hier außer Acht bleiben.

Jedoch soll dieses Buch Ihnen einen Einblick in die gewöhnlichen Phasen der Entwicklung gewähren, welche ein Kind auf dem Weg zum Erwachsenwerden durchläuft, wobei hier insbesondere auf die geistige Entwicklung eingegangen werden soll. Auch soll beleuchtet werden, unter welchen schwierigen Bedingungen Kinder sich heutzutage entwickeln müssen und welche Folgen dies hat bzw. haben kann.

Es sollen aber vor allem auch Möglichkeiten aufgezeigt werden, wie

Sie die Entwicklung Ihres Kindes auf relativ simple Art unterstützen können. Deswegen wird neben den theoretischen Erklärungen des pädagogischen Ansatzes der Aktionstabletts ein ausführlicher praktischer Teil geboten, in dem Sie Anleitungen für die Erstellung und Anwendung von Aktionstabletts nach Bereichen geordnet für alle Altersstufen von einem Jahr bis zu zehn Jahren finden, wobei in diesem Buch insbesondere auch Ideen für Kinder im Alter von über sechs Jahren einbezogen werden sollen.

Dieses Buch soll Ihnen vor allem als Eltern, aber auch als Pädagogen helfen, die kindliche Entwicklung zu verstehen und jedes Kind seinen Bedürfnissen entsprechend zu fördern.

Einleitung

Wir kommen als unfertige Wesen auf die Welt, besitzen nur die nötigsten biologisch bedingten Reflexe, sind komplett unselbstständig und auf andere Menschen angewiesen, die uns füttern, wickeln und herumtragen. Dennoch besitzen wir im Alter von sechs Jahren bereits alle Fähigkeiten, die man benötigt, um allein auf der Welt klarzukommen (zumindest theoretisch, wenn die heutige Welt nicht so kompliziert wäre). Mit zwölf Jahren haben wir auch geistig die Stufe erreicht, um die Welt nicht nur praktisch zu erforschen, sondern auch theoretisch zu verstehen und uns unsere eigene Meinung zu bilden. Im Alter von 18 Jahren dürfen wir Auto fahren, einen Beruf ergreifen und bestimmen, wer das Land regiert. Wie ist so ein extremer, in mancher Hinsicht rapider Wandel möglich?

Kinder selbst verstehen nicht, was sie wann können oder nicht können, wollen alles tun, was ihnen Spaß macht, ohne die Konsequenzen abschätzen zu können, und sehen die Welt mit ihren eigenen Augen – zumindest bis zu einem gewissen Alter und zumindest einige oder auch viele Kinder, so denkt man jedenfalls, ohne wirklich zu wissen, was sich in den heranwachsenden Gehirnen und Gemütern abspielt.

Es gibt gewisse Entwicklungsphasen, in denen ein Kind zu gewissem

Handeln und Denken fähig ist, zu anderem aber noch nicht. Um die nächste Stufe zu erreichen, muss das Kind zum einen älter werden, doch dies allein reicht nicht. Ein Lernprozess geschieht nicht von selbst, sondern er muss durch das Kind selbst und von außen – von Ihnen – gefördert werden. Kinder sind wiss- und lernbegierig, wollen die Welt um sich herum mit allen Sinnen erforschen und fragen immer wieder: Warum? Diese Frage, die einen bis zur Verzweiflung treiben kann, weil man irgendwann einfach keine Antwort mehr weiß, ist der beste Beweis, dass die geistige Entwicklung des Kindes aus ihm selbst heraus gefordert wird. Um sich seinen Möglichkeiten entsprechend – die, bedingt durch verschiedene Faktoren, ganz unterschiedlich und somit nicht nur altersbedingt vorhanden sind – entwickeln zu können, braucht das Kind Input, und zwar nicht durch Fernsehen und Computerspiele, denn dies sind keine wertvollen, für das kindliche Gehirn verwertbaren Informationsquellen bzw. Erfahrungen. Wie kann man also in einer immer schneller werdenden, zunehmend medialisierten Welt das Kind zu seinem Besten fördern – und fordern?

Ganz einfach: weg vom Bildschirm und zurück zu greifbaren, kindgerechten Erfahrungen aus erster Hand, weg von vorgefertigten, unrealistischen Eindrücken und hin zu eigenen Lösungen.

Weg vom Tablet – hin zum Aktionstablett.

Eine Herausforderung für die Entwicklung

Unverständnis, Streit und Resignation – das sind Zustände, die heutzutage in vielen Familien an der Tagesordnung sind. Zwischen der Elterngeneration und ihren Kindern liegen scheinbar nicht Jahrzehnte, sondern Jahrhunderte, oder, besser gesagt, Welten. Während die einen noch in der realen Welt aufgewachsen sind, werden die anderen von der virtuellen bzw. medialen Welt mehr oder weniger absorbiert. Serien werden in dem Maße „gesuchtet", dass die Kinder und Jugendlichen komplett in der fiktiven Handlung aufgehen, über sie erzählen, als wäre sie tatsächlich passiert, und in ein tiefes Loch fallen, wenn die Staffel zu Ende ist. Verabredet wird sich heute nicht mehr auf dem Spiel- oder Bolzplatz, sondern vor dem Computer – natürlich jeder für sich zu Hause sitzend und nur über Headset und Webcam verbunden. Dort konkurriert man dann bei „Minecraft", wer die tolleren Gebäude „baut" (anstatt Konstruktionen mit Lego zu bauen), führt einen „Farmbetrieb" bei „Landwirtschaftssimulator" (anstatt den Bauernhof am Stadtrand zu besuchen), kämpft gegeneinander und tötet andere bei „Fortnite" oder „World of Warcraft", erschafft sich ggf. seinen virtuellen Avatar und geht letzten Endes als dieser durch die reale Welt – mit Konsequenzen, die von einem gesteigerten Aggressionspotenzial gegenüber Sachen und Mitmenschen über Unverständnis dafür, dass man im wahren Leben nicht einfach auf „Neustart" drücken kann, um alles wiedergutzumachen, bis hin zum kompletten sozialen Absturz reichen können.

Was reißerisch klingt, ist leider bittere Wahrheit in einer Zeit, in der die Welt durch den Medienkonsum beherrscht wird. Handys, Computer und Fernseher sind überall, und „die anderen machen es ja auch". Kinder wollen dazugehören, später auch „cool" sein, und so üben sie Druck auf die Eltern aus, bis sie ihnen die Mediennutzung gestatten, die sie eigentlich nicht gutheißen. Die Folgen sind verheerend – und je früher der exzessive Medienkonsum beginnt, desto schlimmer wirkt er sich auf die Entwicklung aus, da er die normale kindliche bzw. menschliche Entwicklung (s. u.) hemmt und so grundlegende Fähigkeiten nicht oder nur unzureichend erlernt werden.

Während 25 % der Kinder eine Lese-Rechtschreib-Schwäche und 35 % eine Rechenschwäche haben, leiden 30 % an Wahrnehmungsstörungen, 34 % an Sprachstörungen und 38 % an psychosomatischen Erkrankungen (Zahlen bezogen auf Ballungszentren).

16-Jährige wissen teils nicht, wie man einen Bleistift hält, ein Geodreieck anlegt oder eine Tabelle zeichnet, da sie die motorischen Fähigkeiten und/oder die Kompetenz zur Umsetzung einer Anweisung in eine praktische Handlung nie gelernt haben. Abiturienten setzen Kommas nach dem Zufallsprinzip, denn im Chat setzt man schließlich keine Kommas. Rechtschreibung ist auch nach der Mittleren Reife meist Fehlanzeige, weil kaum noch Bücher gelesen werden und privat nur online geschrieben wird – mithilfe von Autokorrektur oder mit Leuten, die ebenfalls nicht richtig schreiben. Geschrieben wird dabei natürlich nur noch auf dem Handy oder am Computer, was zum einen dazu führt, dass auch die Handschrift von Älteren oft noch wirkt wie in der Grundschule, und zum anderen, dass Buchstaben vergessen oder vertauscht werden, da die

Hand schlichtweg nicht an die Bewegung des Schreibens gewöhnt ist.

Noch schlimmer als diese inhaltlichen und motorischen Defizite, die man durch Training bzw. Nachhilfe ausgleichen kann, sind die kognitiven, psychischen und sozialen Konsequenzen, die der Medienkonsum mit sich bringt. Durch die Zeit in bzw. mit den fiktiven, medialen Welten finden sich die Kinder in der wirklichen Welt nicht zurecht, da ihnen die realen Erfahrungen fehlen. Anstatt raus in die Natur zu gehen, sehen sie Tiere und Pflanzen oft nur auf dem Bildschirm; anstatt Sportspiele zu spielen, sitzen sie fast regungslos vor dem Computer; anstatt Dinge zu ertasten, mit den Händen zu formen und zu bewegen, werden Elemente per Mausklick, Tastenkombination oder Joystick verschoben oder verändert. Alle Eindrücke beschränken sich hierbei auf das Sehen und Hören, wobei das, was gesehen und gehört wird, nur durch den Bildschirm und den Lautsprecher reproduziert wird, also in keiner Weise dem Sehen und Hören des echten Tieres, Gegenstands oder Vorgangs gleichkommt; hinzu kommt noch, dass die Szenen, die in Computerspielen und Serien vorkommen, oft komplett erdacht und nicht in der realen Welt vorzufinden sind. Doch auch wenn sie dies sind, handelt es sich nur um Informationen und Eindrücke aus zweiter Hand, obwohl die Entwicklung eines Kindes entscheidend durch eigene Eindrücke und Erfahrungen geprägt wird (s. u.).

Durch die Zeit vor dem Handy, Computer oder Fernseher werden zudem die sozialen Kompetenzen beeinträchtigt, da keine (reale) Interaktion stattfindet und keine bzw. nur eine auf die fiktive Welt begrenzte Kommunikation betrieben wird. Das Sitzen vor dem Bildschirm verursacht zudem physische Probleme wie Augenschäden, Rückenerkrankungen und Übergewicht, die sich auf alle Lebensbereiche auswirken.

Für die kognitive Entwicklung und schulische Laufbahn des Kindes ist ein weiterer schwerwiegender Faktor, dass der Medienkonsum zu viel zeitlichen Raum einnimmt, sodass zu wenig Zeit für das Lernen bleibt. Kinder kennen meist nicht das Maß, wie oft und wie lange „gezockt" oder ferngesehen werden darf, um noch genügend Zeit für andere Dinge zu haben, und das Suchtpotenzial der Medien ist erheblich. Am Anfang ist es einfach etwas, was mehr Spaß macht als das Lernen für die Schule, und es ist so viel bequemer, als rauszugehen und etwas zu unternehmen. Doch nach und nach wird es, besonders bei Computerspielen, zum inneren Zwang (den das Kind natürlich bestreitet) und die gesamte Aufmerksamkeit wird darauf fokussiert. Auf diese Art entstehen Konzentrationsprobleme – welche durch Stress und Reizüberflutung in der modernen, schnellen Welt ohnehin vorhanden sind – und das Lernen wird schwerer und schwerer, was es für das Kind noch unattraktiver macht. Wichtiges, wie die Hausaufgaben zu machen oder mit dem Hund rauszugehen, wird oft nicht als wichtig erkannt, und wenn doch, kann das Kind sich oft trotzdem nicht dazu motivieren, ist mit den Gedanken nicht bei der Sache oder hält nicht lange durch. Diese Konzentrationsstörungen führen nicht nur dazu, dass Arbeiten langsam, oberflächlich oder unvollständig erledigt werden, sondern verursachen auch, dass Lerninhalte sich nicht oder nur kurzfristig gemerkt werden können.

Ein Spezialfall der Konzentrationsstörungen ist AD(H)S. Hierbei handelt es sich um eine Krankheit, die es zwar nicht erst gibt, seit die Medien so viel Raum einnehmen, jedoch steigt die Anzahl der Fälle, da AD(H)S und Medienkonsum sich gegenseitig bedingen. Hat ein Kind diese Krankheit, wird der Medienkonsum die Symptomatik verstärken und das Kind wird umgekehrt leichter in die Abhängigkeit geraten. Etwa zwei bis sechs Prozent der Kinder und Jugendlichen sollen aktuell an dieser Störung leiden. Ob ein Kind tatsächlich AD(H)S oder eine nicht-krankhafte Konzentrationsstörung hat, muss durch die Diagnose eines Arztes festgestellt werden; die mangelnde Konzentration muss sich zum Beispiel auf mehrere Lebensbereiche, nicht nur auf das Lernen, erstrecken.

ADHS steht für Aufmerksamkeits-Defizit-Hyperaktivitäts-Störung, besteht also in einer krankhaften Unaufmerksamkeit (Aufmerksamkeits-defizit) sowie einem gesteigerten Bewegungsdrang (Hyperaktivität) mit einer Neigung zu unüberlegtem Handeln. Die Kinder können also nicht lange still sitzen, sind sprunghaft in ihren Aktivitäten und leicht bzw. ständig von dem, was sie gerade tun, abgelenkt. Die Störung gibt es allerdings auch ohne das Symptom der Hyperaktivität, somit als ADS (Aufmerksamkeits-Defizit-Störung). Für das Lernen und die schulische Laufbahn des Kindes sind die Folgen aber im Prinzip gleich: Durch die mangelnde Konzentration werden Lerninhalte nicht erfasst bzw. verinnerlicht und Hausaufgaben und Klassenarbeiten werden rudimentär oder an der Aufgabenstellung vorbei bearbeitet, was zu schlechten Noten und ggf. zum Versagen beim Schulabschluss führen kann, obwohl die intelligenzmäßigen Voraussetzungen zu guten Leistungen vorhanden sind. Bei hyperaktiven Kindern kommen zudem noch eine erhöhte Belastung der familiären Situation, fehlende Freundschaften und ein verstärktes Verletzungsrisiko hinzu. Der Krankheit kann zum Beispiel durch Verhaltenstherapie, einen geschulten Umgang durch Lehrer und Eltern sowie durch Medikamente entgegengewirkt werden. Wichtig ist, die Störung frühzeitig zu erkennen, um die Konsequenzen so weit wie möglich einzudämmen.

Im Ergebnis benötigt fast jedes Kind heutzutage Nachhilfe und eine nie da gewesene Vielzahl von Kindern erhält LRS-Förderung, Ergotherapie, psychologische Unterstützung, Psychotherapie oder konzentrationsfördernde und beruhigende Medikamente. Trotzdem wird der Schulabschluss oft nur mit Mühe und Not geschafft.

Befürworter von PC-Spielen behaupten zwar, dass diese Problemlösungen und logisches Denken fördern, doch selbst wenn das im Rahmen der spielbezogenen Handlung teilweise der Fall sein mag, sind es doch immer nur Wege, die es im Rahmen der Vorgaben, die jemand in das Spiel einprogrammiert hat, zu finden gilt, und niemals hat man die Möglichkeit, Ideen und Strategien aus sich selbst heraus zu entwickeln und anzuwenden. Es findet insofern weder eine Förderung der Kreativität noch eine individuelle Entwicklung der geistigen Fähigkeiten statt. Außerdem erfolgen alle Vorgänge nur in der virtuellen Welt, die meist ganz anders als die reale ist, was bedeutet, dass Problemlösungen und Strategien von dort nicht auf das wahre Leben und erst recht nicht auf schulische Aufgaben übertragbar sind. Denn wenn man gegen ein Monster kämpft oder mit einer Art Zauberstab Materialien in eine Landschaft stellt, kann man noch lange nicht einen Apfel schälen, ein Regal zusammenbauen, sein Zimmer aufräumen, die Uhr lesen, strukturiert für die Schule lernen oder sich in Gegenwart einer Wespe richtig verhalten.

Für das wahre Leben bedarf es Kompetenzen, die nur im wahren Leben zu erlernen sind. Sprache, Rechnen, Schmecken, Riechen, Fühlen, Grob- und Feinmotorik, Kreativität, soziale Interaktion und eigenständiges Denken – nichts davon wird Ihr Kind durch Handys, Computer oder Fernseher lernen, vieles mithilfe mit Hilfe von Aktionstabletts.

Entwicklung als Lern- und Lebensaufgabe

DIE STUFEN DER KINDLICHEN ENTWICKLUNG

Um die Entwicklung Ihres Kindes mit den Aktionstabletts richtig fördern zu können, ist es zunächst sinnvoll, einen Blick auf die Entwicklungsschritte zu werfen, die es während des Heranwachsens durchlebt.

Der Entwicklungspsychologe Jean Piaget (1896-1980) beschäftigte sich speziell mit der kognitiven (also mit der das Denken, Erkennen oder Verstehen beeinflussenden) Entwicklung von Kindern und stellte fest, dass sie von der Geburt bis zur vollständigen Entfaltung des abstrakten Denkvermögens vier Hauptstadien mit jeweils mehreren Substadien durchlaufen.

1) Im ersten Stadium, welches die ersten 18 bis 24 Monate des Lebens umfasst, hat das Baby zunächst nur die naturgemäß angeborenen Reflexe und dann lernt es durch das Beobachten und Wiederholen von Handlungen, die es bei den Erwachsenen und ggf. älteren Geschwistern wahrnimmt. Als Nächstes beginnt die Phase, in der es selbst anfängt, zu erproben, welches Verhalten welchen Effekt hat, also zum Beispiel, was passiert, wenn es einen Gegenstand anstößt oder fallen lässt. Aus dieser

Beobachtung lernt es, welches Mittel nötig ist, um einen bestimmten Zweck zu erreichen, und wird sodann das Mittel bewusst einsetzen können, um den gewünschten Effekt zu erzielen. Bis zum Alter von zwölf Monaten denkt das Kind dabei noch, dass Dinge nur dann vorhanden sind, wenn es sie gerade sieht, es bezieht also die Welt um sich herum ausschließlich auf sich selbst. Danach begreift es, dass die Umwelt auch außerhalb des Blickfeldes, also unabhängig von dem eigenen Sein, existiert.

2) Als erster Abschnitt der nächsten Phase schließt sich das sog. präoperationale Stadium an, welches bis zum vierten Lebensjahr andauert. Hier lernt das Kind nicht nur das Sprechen, sondern auch, mit bildhaften Sinneseindrücken umzugehen und sich an sie zu erinnern. Das Kind kann also zum Beispiel Memory spielen oder ein Gebäude aus Bauklötzen bauen. Des Weiteren kann es eine reale Situation auf ein geistiges Sinnbild übertragen, also zum Beispiel spielen, dass es ein Hund ist. Bis zum siebten oder achten Lebensjahr dauert anschließend die Zeit, in der das Kind die Fähigkeit zum anschaulichen Denken entwickelt. Es erkennt, in welchem Zusammenhang Geschehnisse und Eindrücke stehen, und ordnet diese dementsprechend ein. So versteht es zum Beispiel, dass eine Fensterscheibe kaputt geht, wenn man einen Ball dagegen schießt, oder dass man Bauchschmerzen bekommt, wenn man zu viel isst. Auch entsteht ein Regelbewusstsein, das heißt, die Einsicht, dass allgemeine Zustände, wie zum Beispiel Wochentage oder Rot-/Grünphasen einer Ampel, wiederkehren und für alle gelten. Somit bildet sich die Basis zur Entwicklung des abstrakten, also von Gegenständen losgelösten, Denkens und Lernens.

3) Im nächsten, bis zum elften oder zwölften Lebensjahr stattfindenden Stadium werden nun logische Schlussfolgerungen gezogen und mehrere Eigenschaften einer Person, einer Sache oder eines Ereignisses gleichzeitig erkannt. Mehrere Begriffe können miteinander verbunden und zueinander in Beziehung gesetzt werden, kausale Zusammenhänge

werden verstanden und somit können Handlungen vorausschauend durchdacht werden. Außerdem gewinnt das Kind die Fähigkeit, über sein eigenes Verhalten nachzudenken und es so zu steuern, dass es das gewünschte Ergebnis hat.

4) Auf der anschließenden und letzten Stufe der Entwicklung ist der Jugendliche nun in der Lage, über theoretische Fragestellungen nachzudenken, Hypothesen aufzustellen und zu beweisen, Probleme zu analysieren, Aussagen zu interpretieren, mit Formeln zu rechnen etc. Er hat somit die Fähigkeit zum logischen, abstrakten Denken vollständig erreicht.

Wir erkennen also, dass die Fähigkeiten des Kindes, die zunächst stark von der Wahrnehmung und dem Verhalten geprägt sind, sich immer mehr von diesen konkreten Aspekten lösen, also immer mehr von der gegenständlichen auf die geistige Ebene übergehen. Der Grund für diese stufenweise Entwicklung ist laut Piaget, dass dem menschlichen Wesen von Geburt an zwei treibende Tendenzen innewohnen. Zum einen gibt es das innere Streben nach Adaption, also der Anpassung an die Umwelt, welche einerseits durch das Verändern der Umwelt nach den eigenen Wünschen (Assimilation) und im Kontrast dazu andererseits durch die Anpassung des eigenen Verhaltens an die Umgebung (Akkommodation) stattfindet. Durch diese zwei widerstreitenden Tendenzen versucht jeder Mensch, ein inneres Gleichgewicht zu erzeugen, also eine Spannung zwischen sich und der Umwelt zu vermeiden. Dieser Faktor ist ein entscheidender Antrieb für das Lernen, denn der Wunsch, etwas zu lernen, resultiert daraus, dass man sich in einem Ungleichgewichtszustand fühlt, wenn man etwas nicht weiß oder nicht kann, was andere wissen oder können, und aus diesem Grund versucht, das Gleichgewicht durch Lernen zu erreichen. Zum anderen tendiert der Mensch zur Organisation und erzeugt somit zusammenhängende Verhaltensprozesse. Als Beispiel wäre hier ein Baby zu nennen, das zunächst nur entweder etwas ansehen oder es mit der Hand berühren kann, aber dann ein System aus dem optischen Reiz und dem motorischen Tun entwickelt und so zu beidem gleichzeitig fähig ist. Auch in der fortschreitenden Entwicklung gibt es immer wieder Situationen, in denen mehrere Handlungen oder Eindrücke koordiniert werden müssen, so zum Beispiel das gleichzeitige Treten des Balls und Zielen auf das Tor beim Fußballspielen, das Ausschneiden einer Form mit der Schere oder das Lernen einer Sprache, wobei man gleichzeitig Vokabular, Grammatik und Aussprache beachten muss.

Laut Piaget wirken sich die Tendenzen zur Adaption und zur Organisation auf die Verhaltensmuster und kognitiven Schemata aus und formen so den psychologischen Aufbau eines Kindes. Während bei einem Baby noch fast ausschließlich sensomotorische Verhaltensschemata vorliegen, das heißt, dass es Situationen über die Sinne wahrnimmt und mit Bewegungen darauf reagiert, jedoch praktisch kein Denken stattfindet, entwickeln sich ab dem zweiten Lebensjahr bereits die ersten kognitiven Schemata, wie zum Beispiel die Klassifizierung von Dingen nach gemeinsamen Merkmalen wie Form oder Farbe. Hierbei herrscht laut Piaget ein egozentrisches Weltverständnis, das heißt, die kognitiven Schemata werden von den Verhaltensschemata abgeleitet und somit von dem Kind selbst konstruiert. Dies liegt daran, dass es kein Bewusstsein davon hat, dass seine Erfahrungen und Eindrücke nur subjektiv sind, und somit nicht in der Lage ist, Dinge objektiv zu sehen. So wird Physisches und Psychisches vermischt, es werden zum Beispiel Traumgebilde als reale Gegenstände oder Wesen erachtet und Sachen bekommen Fähigkeiten oder Gefühle. Laut Piaget entwickelt sich das geistige Dasein, die Fähigkeit zum abstrakten Denken und zur Objektivität, erst Schritt für Schritt nach dem sechsten Lebensjahr.

Piagets Stufenmodell der kognitiven Entwicklung des Kindes gilt als Meilenstein der Entwicklungspsychologie. Dennoch gibt es inzwischen auch Erkenntnisse, die belegen, dass die Entwicklung nicht unbedingt in dieser starren Abfolge der Altersstufen stattfinden muss. Vielmehr sollen weitere Faktoren die Entwicklung dahingehend beeinflussen, dass sie individueller ist, als Piaget es beschrieb. So entwickelte u.a. Robert J. Havighurst die Theorie der Entwicklungsaufgaben, welche durch Klaus Hurrelmann noch erweitert wurde. Die Reifung eines Kindes vollzieht sich demnach als Ergebnis eines Geflechts aus biologischem Alter, Genetik, sozialem und kulturellem Umfeld, eigenen Erfahrungen und psychischen Aspekten, wobei die Entwicklung nicht auf die Kindheit und Jugend beschränkt, sondern eine Aufgabe für das ganze Leben sein soll.

Das geistige Alter eines Kindes muss daher nicht mit seinem biologischen Alter übereinstimmen; so kann ein vierjähriges Kind schon so weit entwickelt sein wie ein sechsjähriges Kind, umgekehrt kann Letzteres aber auch noch auf der Stufe eines vierjährigen Kindes sein. Piagets Modell bietet also das Grundgerüst, das zeigt, wie die Entwicklung im durchschnittlichen Fall ablaufen sollte bzw. kann, und soll daher auch in diesem Buch als Orientierung dienen. Jedoch soll dieses Buch auch aufzeigen, dass es durchaus normal und kein Grund zur Sorge ist, wenn Ihr Kind sich langsamer oder schneller entwickelt, und Ihnen Möglichkeiten bieten, Ihr Kind nicht nur altersgerecht, sondern vielmehr seiner individuellen Entwicklung gemäß zu fördern.

Zu erwähnen sei an dieser Stelle auch, dass Maria Montessori, die Begründerin des Lernens mit Aktionstabletts, ebenfalls ein (allerdings nur dreistufiges) Modell entwickelte, worin sie das erste Stadium als das wichtigste erachtete. Vom ersten bis zum siebten Lebensjahr bilden sich demnach die Persönlichkeit und die Fähigkeiten des Kindes, somit ist dies die Entwicklungsphase, welche die Basis für alles Weitere bildet und daher entscheidend für das spätere Leben und Lernen ist. Zudem fällt den Kindern das Lernen hier am leichtesten, da es automatisch und unvoreingenommen geschieht. Überdies prägen sich die in der Zeit erlernten Fähigkeiten für immer ins Unterbewusstsein ein und werden daher nie verlernt. Insbesondere die ersten drei Lebensjahre sind laut Montessori essenziell, weil das Kind hier seine Umgebung mit allen Sinnen erkundet und extrem sensibel für Neues ist, somit sehr viel lernen kann. Außerdem gehen die Eindrücke und Erfahrungen in dieser Zeit noch direkt auf das Kind über, ohne dass es sie verstehen muss.

Was *kann* mein Kind überhaupt lernen?

Bei der Arbeit mit Ihrem Kind ist es wichtig, dass Sie es durch den Lernstoff weder über- noch unterfordern. Aus diesem Grund ist es essenziell, die natürlichen Entwicklungsstufen zu kennen, um den Stand des Kindes – ist er altersgemäß, schon weiter oder noch hinter dem Soll zurück – einzuschätzen und es richtig zu fördern.

Was ein Kind lernen kann, hängt also zum einen davon ab, in welcher altersbedingten Phase der kognitiven Entwicklung es sich gerade befindet. Zum anderen bringt Maria Montessori drei weitere Aspekte ins Spiel. Erstens gibt es angeborene biologische Grundlagen, die erblich bedingt sind und somit die tendenziellen Vorgaben für das Mögliche setzen. Intelligenz, aber auch die Begabung für bestimmte Fähigkeiten wie Sprache, Mathematik, Musik, Kunst etc. sind demzufolge von einer Generation auf die nächste (oder übernächste) übertragbar. Dieser Faktor bildet zwar das Grundgerüst für die Entwicklung, kann jedoch nicht ohne Weiteres als Erklärung (oder Entschuldigung) genutzt werden, warum ein Kind etwas kann (oder nicht kann), denn über diesen Rahmen hinaus können bzw. müssen die vorgegebenen Talente gefördert werden, um voll entfaltet werden zu können. Zudem muss die Entwicklung in notwendigen Bereichen, in denen weniger bzw. keine Begabung vorliegt, dennoch so gut wie möglich angestoßen und vorangebracht werden. Als zweiten Aspekt nennt Montessori die sog. sensiblen Phasen. Demnach durchläuft das Kind während seiner Entwicklung verschiedene Zeiträume, während derer es besonders sensibel, also empfänglich, für bestimmte Sinnesreize ist und es insofern am leichtesten und effektivsten stattfindet, eine bestimmte Fähigkeit oder Fertigkeit zu erlernen. Diese zwar grob altersbedingt auftretenden Phasen variieren individuell von Kind zu Kind, weshalb es nach Montessori beim Lernen möglich sein sollte, ihnen spontan entsprechen zu können. Drittens hat laut Montessori jedes Kind von sich selbst aus die angeborene Fähigkeit und das Streben, sich selbst weiterzuentwickeln und eigenständig zu lernen. Auf diesen entscheidenden Aspekt der Montessori-Pädagogik wird später noch einzugehen sein.

Darüber hinaus gibt es gemäß dem Psychologen Lew Wygotski (1896-1934) aber noch die Zone der nächsten (proximalen) Entwicklung. Hierbei handelt es sich um den nächsten Entwicklungsschritt, die nächste Fähigkeit bzw. Fertigkeit, die das Kind lernen wird bzw. lernen kann. Kinder sind laut Wygotski durch Beobachtung der Handlungen der Erwachsenen und älterer Kinder im Geiste oft schon weiter, als sie es in der Ausführung sind. Welche Fähigkeit ein Kind als Nächstes erlernen wird, bemerkt man durch intensive Beobachtung. Was das Kind zwar noch nicht allein ausführen kann, aber schon mithilfe eines Erwachsenen oder älteren Kindes bewältigt, wird es im nächsten Schritt allein tun können. Dies zu erkennen, ermöglicht es den Eltern und Erziehern, das Kind in dieser Fähigkeit spezifisch zu fördern und so seine Entwicklung zu beschleunigen. Laut Wygotski sollen sie allerdings durch Erklären, Vormachen und Anleiten das Kind in seinem Tun und somit in seiner Entwicklung lenken, während Montessori (s. u.) den Ansatz vertritt, dass das Kind aus sich selbst heraus lernen soll, will und kann. Dieser

Widerspruch in der Methodik soll uns jedoch in diesem Buch insofern nicht stören, als dass es schlichtweg auch für die Arbeit mit Aktionstabletts nötig ist, die aktuelle und die nächste Stufe der Entwicklung zu erkennen, um die Inhalte und Methoden entsprechend anzupassen, damit das Kind weder durch Verharren auf der aktuellen Stufe gelangweilt wird noch durch zu schnelles oder sprunghaftes Voranschreiten überfordert ist. Denn nur, wenn dieser schmale Grat eingehalten wird, können wirklich optimale Lernerfolge erzielt werden.

Aktionstabletts als Lernmethode

HINTERGRUND UND ZIELSETZUNG

Aktionstabletts sind ein Teil der Montessori-Pädagogik, welche bereits am Anfang des 20. Jahrhunderts von Maria Montessori ins Leben gerufen wurde.

Montessori (1870-1952) war die erste italienische Frau, die Medizin studierte und Ärztin wurde. Jedoch studierte sie später außerdem noch Pädagogik, Experimentalpsychologie und Anthropologie. In ihrer Arbeit in einer psychiatrischen Kinderklinik beobachtete sie das Verhalten der Kinder und gewann so ihre pädagogischen Erkenntnisse, die sie bald international bekannt machten und zur Gründung der Montessori-Schulen und -Kinderhäuser führten.

Der Grundgedanke ihrer Art von Pädagogik ist, dass jedes Kind ein Individuum ist, das aus sich selbst heraus den Prozess der Entwicklung vollbringen muss bzw. kann. Das Leitmotiv der Montessori-Pädagogik ist:

„Hilf mir, es selbst zu tun."
Dies war eine Bitte, mit der sich einst ein Kind an Maria Montessori wandte. Montessori führte diesen Wunsch weiter aus:

„Hilf mir, es selbst zu tun. Zeige mir, wie es geht. Tu es nicht für mich.
Ich kann und will es allein tun. Hab Geduld, meine Wege zu begreifen.
Sie sind vielleicht länger, vielleicht brauche ich mehr Zeit,
weil ich mehrere Versuche machen will.
Mute mir Fehler zu, denn daraus kann ich lernen."

Im Zentrum der Montessori-Pädagogik, und somit auch der Aktionstabletts, steht das Ziel, dass das Kind sich als Individuum mit selbstständigem Denken und Handeln erfährt und begreift. Aus diesem Grund ist es essenziell, dass Sie als Eltern oder Erzieher/innen den Entwicklungs- und Lernprozess nur beobachten und unterstützend begleiten, aber niemals einengen, bewerten oder lenken.

Der Sinn und Zweck der Arbeit mit den Aktionstabletts ist es, dass das Kind eigene Wege findet, mit seinen Sinnen auf Entdeckungstour geht und auf diese Art Neues lernt, versteht und umsetzt. Die Montessori-Pädagogik vertritt den Ansatz, dass Kinder keine passiven bzw. rezeptiven Wesen sind, die nur Verhaltensmuster wahrnehmen und in ihr Handeln integrieren oder nur nach Vorgaben ihr Denken entwickeln, sondern die Fähigkeit – und den Willen – haben, selbst Erfahrungen zu sammeln, aus Fehlern zu lernen sowie Lösungen für Probleme zu finden und auf diese Weise eigenständig ihre individuellen Denkmuster und Verhaltensweisen zu generieren.

Bei den Aktionstabletts müssen Sie als Erwachsener insofern passiv sein – Sie geben dem Kind nur das Tablett mit dem spezifischen Aufbau an Materialien und dann beobachten Sie. Auch für Sie ist es somit eine Übung – in Geduld. Sie dürfen nicht helfen, nicht vorsagen, nicht eingreifen, keine Anweisungen geben und nicht bewerten. Es gibt kein Richtig und kein Falsch. Richtig ist, was das Kind auf seinem Weg zum Lernprozess tut. Sie haben nur die Aufgabe, ihm dafür Wertschätzung zu zeigen. Dies ist ein immens wichtiger Bestandteil der Aktionstabletts, denn so wird das Selbstwertgefühl des kindlichen Individuums gestärkt und zudem trägt es auch noch zur positiven Entwicklung der Eltern-Kind-Beziehung bei, weil das Kind sich nicht dominiert oder minderwertig fühlt, da es selbst auf seine Art handeln darf, ohne dass es jemand besser weiß.

GRUNDLEGENDES ÜBER DIE ARBEIT MIT AKTIONSTABLETTS

Doch was sind nun eigentlich Aktionstabletts? Kurz gesagt sind sie eine spielerische Lernmethode, welche die Entwicklung des Kindes in verschiedenen Bereichen altersgerecht fördern soll, indem das Kind im Sinne der Montessori-Pädagogik zu eigenem, individuellem und selbstständigem Nachdenken und Tun angeregt wird.

Zum einen kann diese Methode genutzt werden, um ein Kind in einem speziellen Fach wie Mathematik, Deutsch oder Englisch zu fördern bzw. seine Entwicklung im betreffenden Bereich grundsätzlich zu unterstützen. Zum anderen können mit den Tabletts grundlegende Kompetenzen wie Konzentration, Ausdauer, Ordnungssinn, Merkfähigkeit, Kreativität, Feinmotorik, Wahrnehmung, strukturiertes Handeln sowie logisches Denken gestärkt werden, die für verschiedenste Lern- und Lebenssituationen notwendig sind.

Auf einem Tablett werden dafür spezifische Aufgaben – immer nur eine Aufgabe pro Tablett – aufgebaut. Das spielerische Lernen findet in Einzelarbeit statt, da das Kind durch das Aktionstablett seine ganz eigenen, individuellen Fähigkeiten weiterentwickeln soll. Wenn Sie zum ersten Mal ein Aktionstablett verwenden, führen Sie Ihr Kind langsam an die neue Art von Aufgaben heran. Fangen Sie mit einem leichten (Einsteiger-) Tablett an, welches nicht viel Zeit in Anspruch nimmt und dem Kind so ein schnelles Erfolgserlebnis bietet. Wenn Ihr Kind die Methode annimmt, können Sie dann langsam den Schwierigkeitsgrad und den Zeitaufwand erhöhen. Wichtig ist, das Kind nicht durch zu lange und zu schwere Aufgaben zu überfordern, andererseits aber auch nicht durch zu leichte oder sich wiederholende Übungen zu langweilen. Hierbei kommen Sie als Beobachter zum Tragen: Sie müssen aufmerksam zuschauen, wie das Kind inhaltlich und zeitlich mit der aktuell gestellten Aufgabe zurechtkommt, und dann jeweils einschätzen, ob und inwieweit Sie die Anforderungen erhöhen können.

Beachten Sie aber immer den Grundsatz, dass das Kind der Akteur ist und Sie nur der Zuschauer sind. Wenn sich das Kind mit einer Aufgabe schwertut, dann dürfen Sie nicht eingreifen, sondern maximal einen Denkanstoß geben, und auch nicht die Übung abbrechen, da dies den Sinn und Zweck der Arbeit, dass das Kind eigene Wege findet und selbstständig Entscheidungen trifft, zunichtemachen würde. Auch dürfen bzw. müssen Sie am Anfang einer Übung nichts erklären – Aktionstabletts sind so aufgebaut, dass das Kind von selbst sieht, worin die Aufgabe besteht, und insofern ohne Erklärung eines Erwachsenen einen Lösungsweg finden kann. Bei einem richtig ausgewählten und gut aufgebauten Tablett sollte das auch auf der Stufe der proximalen Entwicklung der Fall sein.

Bei der Arbeit mit Aktionstabletts ist der Weg das Ziel. Es geht nicht darum, zu einem richtigen Ergebnis zu kommen, sondern darum, dass das Kind sich mit sich selbst und der Aufgabe beschäftigt, eigene Strategien und selbstständiges Denken entwickelt, ggf. auch Fehler macht und diese selbst erkennt, insofern seinen Weg korrigiert und seine Denkstrukturen erweitert.

Mit der Zeit und je nach Alter wird das Kind, wenn Sie eine Uhr in Sichtweite stellen, auch selbst bemüht sein, in möglichst kurzer Zeit fertig zu werden und so seinen Erfolg zu steigern. Fragen Sie an dem Punkt auch ruhig einmal, „Was meinst du, wie lange du dafür brauchst?“. So lernt das Kind auch, sich selbst besser einzuschätzen – eine Fähigkeit, die ihm im alltäglichen Leben, aber auch in der Schule bei Klassenarbeiten hilfreich sein wird.

INTRINSISCHE UND EXTRINSISCHE MOTIVATION FÖRDERN

Ein entscheidender Aspekt der Aktionstabletts ist, wie bei jedem Lernen, die Motivation. Nur, wer motiviert ist, lernt gern und erfolgreich. Hierbei gilt es, zwischen der intrinsischen und der extrinsischen Motivation zu unterscheiden.

Intrinsische Motivation bedeutet, dass die Motivation aus einem Menschen selbst heraus entsteht, also ein innerer Antrieb zum Tun der jeweiligen Tätigkeit vorhanden ist. Dies bedingt sich zum einen durch die oben erwähnten Faktoren des Willens zur Selbstbildung (Montessori) und des Strebens nach Gleichgewicht (Piaget), zum anderen aber tritt dieser innere Antrieb dann auf, wenn etwas Spaß macht. Dabei machen verschiedene Dinge unterschiedlichen Menschen Spaß, da jeder schließlich individuell ist. Für den Spaßfaktor des Lernens entscheidend sind also die Vorlieben des Kindes, darüber hinaus aber auch die Talente, denn wenn man etwas gut kann, dann macht es automatisch mehr Spaß, als wenn man durch Misserfolg frustriert wird.

Extrinsische Motivation hingegen geschieht durch äußere Faktoren, die einen Menschen zu einer Handlung antreiben. Hier wären im Kindesalter zum Beispiel das Lob der Eltern, das Vermeiden von Nachteilen, wie beispielsweise der Entzug des Handys, oder die Aussicht auf eine Belohnung, wie zum Beispiel Geld oder ein neues Spielzeug, zu nennen. Auf extrinsische Motivationsmethoden zurückzugreifen, kann sinnvoll sein, wenn die intrinsische Motivation nicht ausreichend vorhanden ist. Jedoch sollte damit vorsichtig umgegangen werden, da hierdurch Druck erzeugt wird, der sich im Endeffekt gegenteilig zum gewünschten Ergebnis auswirken kann. Denn Druck wird als negativ empfunden und Negatives wird abgelehnt, dies geschieht sogar ganz unbewusst.

So kann durch (zu viel) extrinsische Motivation sogar die intrinsische Motivation reduziert oder gar zerstört werden. Ein Beispiel hierfür wäre, dass ein Kind gern ein Musikinstrument spielen möchte, weil es

Spaß an Musik hat. Dann ist es aber vielleicht nicht so gut darin, wie die Eltern es sich wünschen, weil es vielleicht nicht genug übt. Die Eltern beginnen dann, das Kind darauf hinzuweisen, dass es mehr üben muss – was an sich schon einmal ein negatives Gefühl erzeugt, denn das „Muss" wird immer als Einschränkung der Freiheit und des eigenen Willens wahrgenommen. Man kann die Motivation zum Üben dann fördern, indem man dem Kind zum Beispiel verspricht, dass es für das Üben eine gewisse Zeit länger spielen oder fernsehen darf. Nun wird allerdings das Streben nach der Belohnung zum treibenden Faktor und die eigentliche, ursprünglich intrinsische Motivation wird in den Hintergrund gedrängt. Schnell entsteht das Denken, „Ich muss das tun, damit..." oder „Wenn ich das nicht tue, dann darf ich nicht..." – es entsteht also Druck und damit eine Minderung der Motivation, was dazu führt, dass die gewünschte Handlung gar nicht oder nur lustlos gemacht wird. Falsch wäre jetzt, den Druck zu erhöhen, indem man noch einmal auf die Belohnung hinweist bzw. mit dem Wegfall der Vergünstigung droht.

Bemerkt man, dass die extrinsische Motivation sich negativ auswirkt, sollte man eine Zeit lang das Kind in Bezug auf die betreffende Tätigkeit in Ruhe lassen, bis es von selbst wieder Interesse daran zeigt. Falls dies auch nach einer gewissen Zeit nicht eintritt, kann man die intrinsische Motivation fördern, indem man die Vorliebe für die Tätigkeit in Erinnerung ruft: „Hast du nicht mal wieder Lust, Gitarre zu spielen?". Vielleicht sagt oder denkt das Kind in dem Moment „Nein", aber es wird sich doch bewusst oder unbewusst mit dem Gedanken auseinandersetzen – und vielleicht in den nächsten Tagen oder Wochen zur Gitarre greifen (ansonsten war es vielleicht wirklich nicht das richtige Hobby).

Wichtig ist, das Kind beim Tun der Dinge, die es gern mag, zu loben, zu respektieren sowie es selbst entscheiden und handeln zu lassen und auf diese Art den Spaß und das Streben nach eigenständigem Lernen, also die intrinsische Motivation, zu fördern. Eingriffe von außen sollten nur stattfinden, wenn das Kind nach Hilfe fragt oder wenn etwas erklärt oder gezeigt werden muss, damit die Tätigkeit überhaupt ausgeführt werden kann. Bei der Hilfestellung oder Erklärung ist es dann wiederum wichtig, nicht „von oben herab" zu erscheinen, da dies dem Kind das Gefühl geben kann, dass es dumm oder ungeschickt ist.

Im Kleinkindalter und bei Hobbys mag das alles noch relativ einfach zu berücksichtigen sein, schwierig wird es jedoch, wenn es um das schulische Lernen geht. Intrinsische Motivation ist meist nur für einige Fächer vorhanden, da Interessen und Talente nun einmal von Kind zu Kind unterschiedlich sind. Trotzdem besteht der Zwang, für alle Fächer zu lernen, also auch das, was man nicht mag, nicht kann oder als langweilig empfindet. Die wenigsten Kinder verstehen, dass sie den im Lehrplan vorgesehenen Stoff lernen müssen, um versetzt zu werden und später einen Abschluss mit möglichst guten Noten absolvieren zu können, damit sie einen möglichst guten Job bekommen können. Erklärt man ihnen das als Elternteil oder Lehrer/in, handelt es sich hierbei wiederum um – oft zu viel – extrinsische Motivation, durch die oft sogar der Spaß, den das Kind vielleicht am Anfang an einem bestimmten Fach oder an der Schule generell hatte, zunichtegemacht wird. Zweifelsohne muss das Kind für die Schule lernen und früher oder später verstehen, dass dies für seine Zukunft nötig ist. Nichtsdestotrotz sollte von Eltern wie Lehrern bei der intrinsischen Motivation angesetzt, also jedes Fach so interessant und anschaulich wie möglich vermittelt und den Kindern statt Frontalunterricht die Möglichkeit gegeben werden, sich Inhalte selbst zu erarbeiten. Außerdem sollten so weit wie möglich Lehrmaterialien verwendet werden, welche optisch altersgerecht und ansprechend gestaltet sind und Themen beinhalten, welche für das Kind interessant sind (Letzteres wird beim Lernen zu Hause aufgrund der individuellen Vorlieben eher umsetzbar sein als in der Schule). So kann man zum Beispiel den Torestand eines Fußballspiels für eine Mathematikaufgabe verwenden oder in Deutsch einen Text über das Lieblingstier lesen.

Ob zu Hause oder in der Schule, Spaß sollte gegenüber Strenge und

Lob sollte gegenüber Kritik überwiegen, um das positive Erlebnis des Lernens zu steigern. Zudem kann man – in Maßen, s. o. – mit Belohnungen, z. B. für gute Noten, arbeiten. Dabei sollte das Versprechen allerdings nicht kontraproduktiv zur Entwicklung des Kindes stehen. Das Versprechen, ein neues PC-Spiel zu bekommen, wäre für viele Kinder (leider) sicher heutzutage ein großer Antrieb. Jedoch sind es ja gerade die Computerspiele und die Medien, die den größten negativen Einfluss auf die Entwicklung des Kindes haben. Konzentrieren Sie sich bei Belohnungen deshalb lieber auf andere Interessengebiete Ihres Kindes, wie zum Beispiel auf Musik, Sport oder einen Ausflug in den Tierpark.

Für die Arbeit mit Aktionstabletts bedeutet das Folgendes: Aktionstabletts sprechen mit der Idee und der Vorgehensweise sowohl die intrinsische als auch die extrinsische Motivation des Kindes an. Intrinsisch motivieren sie, weil sie Kreativität, inneren Lerntrieb und Erkundungsdrang ansprechen; zudem macht das spielerische Ausprobieren ohne Regeln Spaß. Extrinsische Motivation entsteht, weil das Kind sich den Respekt und das Lob der zuschauenden Erwachsenen erarbeiten will. Weiterer extrinsischer Motivationsmethoden, wie oben beschrieben, bedarf es jedoch nicht bzw. man sollte darauf verzichten, da sie dem Sinn der Selbstentfaltung entgegenstehen würden. Durch einen möglichst kreativen, optisch ansprechenden Aufbau mit Aufgaben, die nicht zu leicht und nicht zu schwer sind, die also durch das Gleichgewicht von Schwierigkeit und Erreichbarkeit das Selbstbewusstsein stärken, sowie durch geduldiges, aufmerksames und nur positiv wertendes Beisein erreichen Sie eine optimale und intrinsisch-extrinsisch ausgeglichene Motivationshaltung.

Praxis: Aktionstabletts gestalten und einsetzen

BASISINVENTAR FÜR AKTIONSTABLETTS

So viel zur Theorie, doch nun geht es an die Praxis. Vielleicht fragen Sie sich schon die ganze Zeit: Wie stellt man ein Aktionstablett her und was benötigt man dafür?

Wie der Name schon sagt, besteht das Grundgerüst stets aus einem Tablett, wobei dies für die meisten Aufgaben am besten rechteckig und möglichst groß sein sowie eine erhöhte Randbegrenzung haben sollte, damit genug Platz zum Experimentieren ist und Gegenstände nicht so leicht herunterfallen können. Sie können entweder ein in Ihrem Haushalt vorhandenes Serviertablett verwenden, ein solches im Handel erwerben oder Sie bauen selbst ein Tablett, eigens für die Arbeit mit Ihrem Kind, und gestalten es ansprechend.

Auf dem Tablett werden je nach Aufgabe bestimmte Materialien platziert, wobei jedes Tablett nur eine spezifische Aufgabe behandeln soll. Da die Aktionen oft das Bewegen, Einfüllen, Umfüllen, Legen, Stecken, Stapeln, Anordnen, Zuordnen oder Einordnen von Sachen beinhalten, werden meist Behälter wie Schüsseln, Teller oder Kästen und Werkzeuge wie Greifzangen, Löffel, Schöpfkellen oder Trichter benötigt. Die Materialien, mit denen die spezifische Aktion dann durchgeführt wird, sollten idealerweise dem Kind bekannt und nachhaltig sein. Verwendet werden können zum Beispiel Steine, Muscheln, Sand, Kastanien, Eicheln, Haselnüsse, Walnüsse, Murmeln, Legosteine, Bauklötze, Spielzeugfiguren und vieles mehr. Nahrungsmittel sollten jedoch nur verwendet werden, wenn sie nach der Aktion noch aufbewahrt bzw. gegessen werden können. Einzeln verpackte Bonbons oder Nüsse mit Schale eignen sich zum Beispiel, nicht aber etwa weiches Obst oder unverpackte Kekse.

Spezifische Aktionen erfordern natürlich spezifische Materialien, bei denen Sie manchmal auch selbst ein bisschen kreativ werden müssen. Oft benötigen Sie daher Zeichenkarton, Buntpapier, Farbstifte, Klebstoff und eine Schere zur Vorbereitung. Insbesondere im Bereich der Sprache, teils aber auch in der Mathematik, geht es zudem nicht ohne Kärtchen mit Buchstaben, Wörtern, Zahlen oder Bildern.

Insgesamt müssen Sie darauf achten, dass jedes Tablett nicht nur die speziell zu fördernde Fähigkeit, sondern auch die Interessen des Kindes anspricht und von den Anforderungen, aber auch von den Materialien her altersgerecht ist. Für Kinder unter drei Jahren dürfen Sie keine Bestandteile verwenden, die das Kind verschlucken, an denen es ersticken oder mit denen es sich verletzen kann. Grundsätzlich sollten Sie auch für höhere Altersstufen keine scharfen, spitzen oder rissigen Materialien einsetzen und darauf achten, dass sie gesundheitlich unbedenklich sind.

AKTIONSTABLETTS ZUM EINSTIEG UND FÜR ZWISCHENDURCH

Bunte Bauklötze

Bestandteile

- Bauklötze in vier verschiedenen Farben
- Zeichenkarton

Vorgehen und Zielsetzung

Schneiden Sie zunächst den Zeichenkarton so zu, dass er auf das Tablett passt, und suchen Sie Bauklötze Ihres Kindes in vier verschiedenen Farben aus. Dann messen Sie vier gleich große Bereiche des zugeschnittenen Kartons (oben und unten links, oben und unten rechts) ab und zeichnen die Unterteilung ein. Die vier Bereiche kolorieren Sie so gleichmäßig und deckend wie möglich in den gleichen vier Farben, welche die Bauklötze haben. Alternativ dazu können Sie auch Buntpapier verwenden, das Sie auf die entsprechende Größe zuschneiden und auf den Zeichenkarton (oder auch mit Fotoeinklebern direkt auf das Tablett) kleben. Dann legen Sie die Bauklötze, farblich gut gemischt, in einen durchsichtigen Behälter und stellen diesen in die Mitte des Tabletts, also auf den Punkt, an dem sich alle vier Felder treffen.

Wenn das Kind die Bauklötze in den vier Farben und die Felder in den gleichen Farben sieht, wird es erkennen, dass je eine Farbe der Bauklötze und ein Feld zusammengehören. Es wird dann die Bauklötze entweder der Reihe nach aus dem Behälter nehmen und auf das jeweils passende Feld legen, also zum Beispiel erst einen roten Bauklotz auf das rote Feld, dann einen blauen auf das blaue usw., oder es wird erst nach allen roten Bauklötzen, dann nach allen blauen usw. suchen, um sie auf die entsprechenden Felder zu legen.

Ganz gleich, auf welche Art und Weise es vorgeht, bei dieser Übung muss das Kind sich konzentrieren und lernt, einen optischen Reiz (Farbe) mit einem motorischen Tun (Greifen und Legen) zu kombinieren. Darüber hinaus trägt die Aufgabe zur Schulung seiner Wahrnehmung bei, da es die Farben wiedererkennen muss, und sie steigert durch das Zuordnen seinen Ordnungssinn.

Altersempfehlung

Das Tablett ist für Kinder zwischen einem und drei Jahren geeignet.

Formen stecken

Bestandteile

- Bauklötze in drei bis vier verschiedenen Formen
- drei bis vier Pappkästen mit Deckel

Vorgehen und Zielsetzung

Um dieses Tablett vorzubereiten, suchen Sie drei bis vier verschiedene Formen von Bauklötzen aus (zum Beispiel mit der Grundfläche eines Quadrates, eines Rechtecks, eines Kreises und eines Dreiecks). Außerdem benötigen Sie entsprechend der Menge der Formen drei bis vier Pappkästen mit Deckeln. Legen Sie nun jeweils eine Bauklotzform auf den Deckel eines Kastens, zeichnen Sie die Umrisse und schneiden Sie sie dann mit einem Cutter aus, sodass in den Deckeln jeweils ein Loch in der Form eines Bauklotzes entsteht. Die Kästen mit den so vorbereiteten Deckeln werden auf dem Tablett platziert. Außerdem werden Bauklötze in den verschiedenen Formen als Haufen auf das Tablett gelegt. Jede Form soll dabei mehrfach vorkommen; achten Sie auch darauf, dass die Kästen dafür ausreichend groß sind.

Das Kind wird erkennen, dass es die Bauklötze durch die Öffnungen in die Kästen stecken soll. Allerdings nimmt es die Bauklötze bisher zwar als plastische Formen wahr, hat die Form ihrer Unter- bzw. Oberseite aber zuvor vielleicht noch nie so genau registriert. Daher beginnt es nun zunächst, durch Probieren herauszufinden, welche Bauklötze durch welche Öffnung passen. Hat es einmal oder mehrfach einen würfelförmigen

Klotz durch die quadratische Öffnung gesteckt, prägt sich dieser Erfolg ein und das Kind wird anfangen, bewusst diese Art Bauklotz durch diese Öffnung zu stecken. Es kann aber auch bemerken, dass ein Bauklotz mit dreieckiger Grundfläche durch eine rechteckige Öffnung passt oder ein quaderförmiger Bauklotz seitlich durch eine quadratische.

Das Kind erweitert somit bei dieser Übung nicht nur seine Wahrnehmung, indem es Formen erkennen muss, sondern entwickelt auch eigene Lösungsmöglichkeiten und verbessert durch das Stecken der Bauklötze durch die Öffnungen, wobei es den Bauklotz genau in der richtigen Position halten muss, seine motorischen Fähigkeiten. Da das Kind im späteren Verlauf seines Lebens in der Schule mit Geometrie zu tun haben wird, legt dieses Aktionstablett zudem schon einen ersten Grundstein für das mathematische Verständnis.

Altersempfehlung

Diese Aufgabe ist für ein- bis dreijährige Kinder geeignet.

Bilder wiedererkennen

Bestandteile

- zwölf Fotos

Vorgehen und Zielsetzung

Um dieses Aktionstablett aufzubauen, benötigen Sie sechs Fotos, auf denen Menschen oder Tiere zu sehen sind, die dem Kind persönlich bekannt sind. Es kann also zum Beispiel ein Elternteil, ein Großelternteil, das eigene Haustier oder auch ein Kuscheltier des Kindes abgebildet sein. Wichtig ist, dass immer nur eine Person bzw. ein Tier auf jedem Bild zu sehen ist. Diese Fotos drucken Sie dann alle in doppelter Ausfertigung aus, sodass Sie zwölf Fotos erhalten, welche Sie auf das Tablett legen. Es dürfen dabei nicht die jeweils gleichen Fotos neben- oder aufeinanderliegen, sondern die Fotos sollen alle über das Tablett verteilt werden, sodass alle gleichzeitig zu sehen sind; am besten legen Sie drei Reihen mit jeweils vier Fotos und achten darauf, dass die Bilder, die sich gleichen, möglichst weit voneinander entfernt liegen, und dass sich die Reihenfolge der Bildmotive nicht wiederholt.

Die Aufgabe, die das Kind auf diesem Tablett bewältigen soll, ist es, die gleichen Fotos zu erkennen und einander zuzuordnen, ähnlich wie beim Memory-Spiel, nur dass hier die Bilder nicht verdeckt liegen. Denn hier geht es nicht um das Gedächtnis, sondern lediglich um die Wahrnehmung. Das Kind muss sehen, dass unter den diversen über das Tablett verteilten Bildern solche sind, die sich gleichen. Es muss also wiedererkennen, dass auf unterschiedlichen Fotoabzügen derselbe Mensch oder dasselbe Tier abgebildet ist. Seinem inneren Streben nach Ordnung folgend, legt es dann die Bilder, die sich gleichen, jeweils aufeinander. Diese Übung hilft zum einen dabei, dass das Kind auch echte Personen, Tiere oder Sachen wiedererkennt, wenn es sie sieht. Zum anderen wird ein erster Schritt in Richtung abstraktes Denken getan, da das Kind auf zweidimensionalen Reproduktionen ein reales Motiv erkennen muss.

Um die Schwierigkeit zu erhöhen, können Sie den jeweils zweiten Abzug der Fotos in schwarz-weiß drucken. Da dann die Farbinformationen nicht vorhanden sind, wird das Wiedererkennen für das Kind erschwert und sein abstraktes Denken wird erweitert.

Altersempfehlung

Diese Übung ist für Kinder ab einem Jahr geeignet, wenn Sie ausschließlich Farbfotos verwenden. Die Variante mit den Schwarz-Weiß-Fotos ist erst ab drei Jahren einsetzbar.

Farben sortieren

Bestandteile

- eine Vielzahl sehr ähnlicher Gegenstände in vier verschiedenen Farben
- vier kleinere Behälter
- ein größerer Behälter
- evtl. eine Greifzange oder ein Löffel

Vorgehen und Zielsetzung

Auf dem Tablett befindet sich in der Mitte eine größere, durchsichtige oder weiße Schüssel (oder ein ähnlicher Behälter) mit allen verschiedenfarbigen Gegenständen, die sortiert werden sollen. Die Gegenstände müssen farblich gut durchgemischt sein. Drum herum sind die kleineren Behälter aufgebaut. Je nachdem, wie weit das Kind in seiner Entwicklung ist, entsprechen die Farben der Behälter den Farben der Gegenstände oder die Behälter sind ebenfalls weiß oder durchsichtig (im letzteren Fall müssen aber alle gleich sein).

Im ersten, leichteren Fall erkennt das Kind, dass zum Beispiel rote, blaue, grüne und gelbe Murmeln in der Schüssel sind, und sieht, dass auch je eine rote, blaue, grüne und gelbe kleinere Schüssel vorhanden ist. Es ordnet dann die Murmeln der jeweiligen Farbe der entsprechenden Schüssel zu. Im zweiten, schwierigeren Fall muss das Kind die Murmeln nach der Kategorie ihrer Farbe selbst zusammenbringen und für eine Farbe jeweils einen Behälter aussuchen.

Die Gegenstände, die von der Größe her zwischen einer Murmel und einem Tischtennisball liegen sollten (je kleiner das Kind, desto größer der Gegenstand), müssen sich sehr ähnlich, aber nicht notwendigerweise ganz gleich sein. Im Fall, dass die Schüsseln farbig sind, wird das Kind ohnehin erkennen, dass es nur nach Farben ordnen soll, auch wenn die Gegenstände leicht abweichende Formen haben sollten. Im Fall, dass die Schüsseln neutral sind, erkennt das Kind vielleicht ziemlich zu Anfang an der Anzahl der Schüsseln und Farben, dass sie einander entsprechen und es keine Möglichkeit gibt, eine weitere Sortierung nach Formen vorzunehmen. Falls es dies doch versucht, wird es schnell merken, dass die Behälter nicht ausreichen, seinen Fehler korrigieren und auf diese Art lernen. Es ist, um den Schwierigkeitsgrad zu erhöhen, also sogar daran zu denken, absichtlich leicht unterschiedliche Formen und Größen zu verwenden.

Das Ziel dieses Tabletts ist, dass das Kind lernt, Farben zu erkennen und Gleiches Gleichem zuzuordnen, also seinen Ordnungssinn zu entwickeln. Zudem bedarf es an Ausdauer und Konzentration, um keine versehentlichen Fehler beim Sortieren zu machen.

Zum Sortieren kann man dem Kind eine Greifzange oder einen Löffel auf dem Tablett anbieten, jedoch muss es das Instrument nicht verwenden. Wenn es dies tut, dient die Aufgabe gleichzeitig einer motorischen Übung, nämlich der Geschicklichkeit, wenn es zum Beispiel eine Murmel mit einem Löffel aus der Schüssel nehmen und in einen anderen Behälter hinüberbalancieren muss. Es kann auch sein, dass das Kind zunächst mit dem Löffel bzw. der Greifzange beginnt, aber dann erkennt, dass diese Methode zu anstrengend und zeitraubend ist, und mit den Fingern weitermacht. Insofern trägt dieses Tablett auch dazu bei, dass das Kind eigene, für sich sinnvolle Entscheidungen trifft.

Altersempfehlung

Dieses Tablett ist für drei- bis sechsjährige Kinder geeignet.

Geschicklichkeit mit Kastanien

Bestandteile

- 30 Kastanien
- eine Pralinenschachtel
- eine Greifzange
- ein Behälter

Vorgehen und Zielsetzung

Um diese Übung vorzubereiten, sammeln Sie 30 Kastanien und füllen diese in eine Schüssel oder in einen anderen offenen Behälter. Alternativ dazu können Sie auch Walnüsse, Eicheln oder Haselnüsse nehmen, wobei in letzteren beiden Fällen die Übung aufgrund der kleineren Größe und glatteren Oberfläche etwas schwieriger wird. Den gefüllten Behälter stellen Sie in die Mitte des Tabletts und legen eine Greifzange auf den Inhalt. Außerdem benötigen Sie den Einsatz einer Pralinen- oder Konfektschachtel, in der Pralinen in ungefähr der Größe der von Ihnen eingesetzten Objekte gelegen haben. In deren Einmuldungen soll das Kind dann nämlich die Kastanien, Walnüsse o. Ä. hineinlegen. Möglichst sollte auch die Anzahl der Einmuldungen mit der Anzahl der Objekte übereinstimmen; es ist aber nicht schlimm, wenn es weniger Mulden als Objekte sind (umgekehrt hingegen sollte es nicht sein). Diesen Schachtel-Einsatz legen Sie ebenfalls auf das Tablett, und zwar links oder rechts neben den Behälter, je nachdem, ob Ihr Kind Rechts- oder Linkshänder ist.

Das Kind soll nun nicht lediglich mit den Fingern die Objekte in die Einmuldungen legen, denn dies wäre zu einfach. Deshalb liegt die Greifzange auf dem Behälter. Hiermit soll das Kind immer vorsichtig ein Objekt aufnehmen und sorgfältig in eine Einmuldung legen. Die Schwierigkeit besteht zum einen bereits darin, die Kastanie o. Ä. mit der Greifzange zu fassen, da sie wegen ihrer relativ runden Form leicht wegrutschen kann. Dann muss das Kind sie zu dem Einsatz der Pralinenschachtel hinübertransportieren, ohne sie zu verlieren, und genau eine Einmuldung treffen, um sie dort hineinzulegen.

Auf diese Art werden die Feinmotorik und die Geschicklichkeit des Kindes trainiert. Außerdem gilt es bei dieser Übung, Ruhe zu bewahren, auch wenn etwas schiefgeht, und insofern fördert sie die Besonnenheit und Ausdauer des Kindes.

Altersempfehlung

Mit diesem Tablett können drei- bis sechsjährige Kinder arbeiten.

Formen ausmalen

Bestandteile

- Malpapier oder Zeichenkarton
- verschiedene Wasserfarben oder Farbstifte

Vorgehen und Zielsetzung

Als Vorbereitung zeichnen Sie die Umrisse verschiedener Formen auf das Papier, welches Sie auf die Größe des Tabletts zuschneiden. Es können einzelne geometrische Formen sein, wie zum Beispiel verschiedene Rechtecke, Quadrate, Kreise, Ovale, Rauten, Dreiecke etc., aber auch ineinander verschachtelte oder sich überschneidende Formen, bis hin zu Mandalas oder Bildern in der Art von „Malen nach Zahlen" (allerdings ohne Zahlen). Dazu bieten Sie dem Kind eine bunte Farbpalette von Wasserfarben oder Farbstiften an, wobei es bei diesem Tablett sinnvoller ist, die Farben neben das Tablett zu stellen, damit das Kind sich auf diesem frei entfalten kann. Oder aber Sie stellen die Farben auf das Papier und überlassen es der Entscheidung des Kindes, sie selbst herunterzustellen, wenn es bemerkt, dass sie seine Malerei behindern. Für die Ausführung vorteilhafter ist es in diesem Fall ausnahmsweise, ein Tablett ohne oder mit möglichst niedrigem Rand zu nehmen, da sonst das Malen schwerfällt.

Diese Übung zielt darauf ab, dass das Kind seine Kreativität weiterentwickelt. Es kann also die Formen (oder auch das freie Papier rundherum) anmalen, wie es ihm gerade in den Sinn kommt. Möglich ist, dass es sich einfach kreativ austobt, möglich ist aber auch, dass es strukturiert vorgeht. So kann es zum Beispiel alle Kreise mit der gleichen Farbe anmalen, alle Rechtecke mit einer anderen Farbe usw. Bei den sich überschneidenden Formen kann es beispielsweise den Bereich, der zu beiden Formen gehört, in einer dritten Farbe tönen und bei den Mandalas könnte das Kind darauf achten, dass das Gesamtbild farblich strukturiert und ausgeglichen ist und benachbarte Bereiche unterschiedliche, möglichst kontrastreiche Farben bekommen. Neben der Kreativität kann das Kind durch dieses Tablett also auch logisches Denken, Konzentration und systematisches Vorgehen entwickeln.

Altersempfehlung

Das Tablett eignet sich für Kinder ab drei Jahren, bereitet aber bei gesteigertem Anspruch auch noch zehnjährigen Kindern Freude und einen Lernerfolg.

Wasser gerecht verteilen

Bestandteile

- eine Karaffe oder Flasche
- fünf Gläser
- ein Liter Wasser
- evtl. ein Trichter

Vorgehen und Zielsetzung

Der Aufbau dieses Tabletts ist einfach: Sie befüllen eine Karaffe oder Flasche mit ca. einem Liter Wasser und stellen sie auf das Tablett. Außerdem stellen Sie fünf leere Gläser darauf. Alle Gefäße, die hier verwendet werden, müssen durchsichtig sein. Außerdem können Sie einen Trichter mit auf das Tablett legen.

Das Kind sieht die leeren Gläser und die volle Flasche bzw. Karaffe und kommt dadurch auf die Idee, dass es das Wasser in die Gläser umfüllen soll. Dies ist zum einen eine motorische Übung, da es das große Gefäß anheben und kippen muss, um das Wasser umzufüllen. Gleichzeitig muss es die Öffnung des Glases treffen. Um dies zu erleichtern, kann es den Trichter verwenden.

Auf diese Art wird seine Geschicklichkeit, also die präzise Kontrolle über die eigenen Bewegungen, gefördert. Das Kind steht allerdings auch zusätzlich vor der Frage, in welches Glas es wie viel Wasser füllen soll. Markierungen sind bei dieser Aufgabe nicht vorhanden, sondern das Kind soll selbst entscheiden. Dem inneren Streben nach Gleichgewicht und Ordnung folgend, wird es vielleicht versuchen, alle Gläser gleich hoch zu befüllen. Da dies aber sehr schwierig ist – zumal es beim Befüllen des ersten Glases und der weiteren Gläser nicht abschätzen kann, bis zu welcher Höhe das Wasser eingefüllt werden muss, damit in allen Gläsern die gleiche Menge ist –, wird es mehrere Versuche benötigen. Befüllt es zum Beispiel das erste und zweite Glas in voller Höhe, wird es spätestens nach dem dritten Glas bemerken, dass das Wasser nicht bis zum fünften Glas reichen wird. Es wird dann vielleicht Wasser aus den ersten Gläsern in die letzten umfüllen, wobei es auch hier zunächst wieder nicht weiß, wie viel Flüssigkeit es hineingießen muss. So muss es das Wasser diverse Male hin und her umfüllen, bis es am Ende ein (annähernd) ausgewogenes Verhältnis erreicht.

Diese Aufgabe erfordert somit nicht nur geschickte Hände, sondern auch Ausdauer. Außerdem regt sie zu logischem Denken an, da das Kind (auf seiner Entwicklungsstufe zwar in dem Moment vielleicht nur intuitiv) schlussfolgern muss, aus welchem Glas es in welches andere Glas wie viel Wasser umfüllen muss. Da das viele Umfüllen der Flüssigkeit das Risiko birgt, dass etwas verschüttet wird, sollten Sie hierfür ein Tablett aus Plastik verwenden und sicherheitshalber die Übung nur in einer gut abwischbaren Umgebung durchführen.

Altersempfehlung

Diese Aufgabe eignet sich für Kinder von vier bis acht Jahren.

Strand sortieren mit Sieb

Bestandteile

- Sand
- Steine
- Muscheln
- ein Sieb
- drei Behälter

Vorgehen und Zielsetzung

Sammeln Sie während Ihres Strandurlaubs Steine und Muscheln und entnehmen Sie ein paar Schaufeln Sand aus der Sandkiste. All dies legen bzw. schütten Sie zur Vorbereitung dieses Aktionstabletts in eine Salatschüssel (oder in einen ähnlichen Behälter), wobei Sie den Inhalt gut vermischen, und stellen diese auf das Tablett. Hinzu stellen Sie zwei weitere Schüsseln und ein Sieb, dessen Löcher groß genug sind, um den Sand durchzulassen, nicht aber die Steine und Muscheln.

Das Kind sieht sich nun mit dem Problem konfrontiert, die Steine und Muscheln von dem Sand zu trennen, um sie in die anderen Behälter umzusortieren. Vielleicht beginnt es, trotz des danebenliegenden Siebes die Steine und Muscheln herauszusuchen und im Sand danach zu graben. Wahrscheinlich wird es aber feststellen, dass dies sehr mühselig ist und lange dauert – deshalb wird es möglicherweise zu dem Sieb greifen. Vielleicht wird es auch gleich am Anfang das Sieb einsetzen, da es dies (oder ein ähnliches) bereits vom Spielen im Sandkasten kennt. Im letzteren Fall legt es idealerweise das Sieb auf eine der leeren Schüsseln und schüttet Sand, Steine und Muscheln dort hinein. Der Sand rieselt durch und im Sieb bleiben Muscheln und Steine, die das Kind problemlos voneinander trennen kann. Vielleicht lässt es aber auch das Sieb auf dem Tablett liegen und füllt den Inhalt der Schüssel hinein, siebt dann den Sand auf das Tablett und steht am Ende vor der Frage, wie der Sand in die dritte Schüssel kommen soll (daher empfiehlt es sich eventuell auch, eine kleine Schaufel oder einen großen Löffel bereitzulegen). Hat das Kind zunächst begonnen, Muscheln und Steine aus dem Sand herauszupulen und entscheidet es sich zwischendurch doch zum Einsatz des Siebes, hat es das Problem, dass alle Schüsseln mit etwas anderem als Sand gefüllt sind. Es muss dann die Steine bzw. Muscheln aus einer der Schüsseln in eine der anderen beiden Schüsseln umfüllen, um eine freie Schüssel zu erhalten, in die es den Sand hineinsieben kann.

Diese Übung eignet sich daher bestens, um das Kind anzuregen, Problemlösungen strategisch zu entwickeln und aus eigenen Fehlern zu lernen. Zudem ist sie ein gutes Ausdauer-Training. Durch die Verwendung von Materialien, die am Strand bzw. in der Natur vorkommen, wird das Kind mehr an die natürliche Umgebung gebunden und die Aufgabe wirkt sympathisch auf das Kind, da es an fröhliche Tage im Urlaub erinnert wird.

Altersempfehlung

Die Übung eignet sich für Kinder ab vier Jahren, ist allerdings auch für so manches sieben- oder achtjährige Kind noch eine interessante Herausforderung.

Sand schöpfen

Bestandteile

- ein großer Löffel
- fünf Gläser
- eine Schüssel
- Sand

Vorgehen und Zielsetzung

Um diese Übung vorzubereiten, zeichnen Sie mit einem Permanentmarker auf fünf Gläser je einen Markierungsstrich außen rund um das Glas (alternativ können Sie auch Klebeband verwenden), wobei die Striche alle in unterschiedlichen Höhen angebracht werden sollen. Da das Kind sich bei der Aufgabe nach den Markierungen richten soll, müssen die Gläser nicht gleich groß sein. Die Gläser stellen Sie auf das Tablett; außerdem stellen Sie dort eine Schüssel hin, die Sie mit Sand füllen, und legen einen großen Löffel dazu.

Die Aufgabe, die sich dem Kind stellt, ist es also, den Sand mithilfe des Löffels in die Gläser umzufüllen, und zwar so, dass die Füllhöhe jeweils bis zur Markierung reicht. Die Übung erfordert zum einen Geschicklichkeit, da der Sand mit dem Löffel herüberbalanciert und dabei nicht verschüttet werden soll; zum anderen muss das Kind, je näher es der Markierung kommt, sich immer mehr konzentrieren und abschätzen, wie viel Sand es noch einfüllen muss bzw. darf, um die Füllhöhe zu erreichen, aber auch nicht darüberzuliegen. Letzteres wird nicht auf Anhieb gelingen und so muss das Kind sicher mehrmals Sand aus einem Glas herausschöpfen und ggf. wieder etwas hinzutun, wenn es zu viel weggenommen hat. Zudem muss das Kind bedenken bzw. bemerken, dass der Sand sich nicht gleichmäßig in den Gläsern verteilt, sondern schief wird bzw. einen Haufen bildet. Sodann muss das Kind schlussfolgern, dass es das Glas leicht hin und her schütteln muss, damit sich der Sand verteilt.

Diese Übung richtet sich also sowohl an die motorischen Fähigkeiten als auch an das logische Denken und die Ausdauer des Kindes.

Altersempfehlung

Das Tablett eignet sich für Kinder von vier bis acht Jahren.

Holzstäbchen-Turm

Bestandteile

- 60 dünne, runde Holzstäbchen
- ein Glas

Vorgehen und Zielsetzung

Für dieses Aktionstablett benötigen Sie 60 Holzstäbchen, die rund, ungefähr 20 Zentimeter lang und so dünn wie möglich sein sollten. Von diesen stecken Sie 56 Stück in ein Glas, welches Sie an den Rand des Tabletts stellen. In die Mitte des Tabletts legen Sie die restlichen vier Stäbchen, und zwar so, dass die ersten zwei direkt auf dem Boden des Tabletts liegen und im Abstand von etwas weniger als einer Stäbchenlänge parallel zueinander ausgerichtet sind. Die nächsten zwei Stäbchen legen Sie jeweils auf die äußeren Enden der ersten zwei Stäbchen, um diese so zu verbinden. Es entsteht also ein quadratisches Grundgerüst.

Die Aufgabe, die das Kind nun bewältigen muss, ist es, die Konstruktion auf gleiche Art nach oben fortzuführen. Es muss also erkennen bzw. verstehen, wie die unterste Etage des Turms gebaut wurde, und die Abfolge logisch weiterentwickeln. Liegen die untersten beiden Stäbchen also zum Beispiel links und rechts und die nächsten beiden, auf den ersten beiden aufliegend, hinten und vorne, muss das Kind nun durchschauen, dass es die ersten beiden Stäbchen, die es selbst hinzufügt, wieder links und rechts positionieren muss, sodass sie auf den sich darunter befindenden Stäbchen aufliegen. Die nächsten zwei Stäbchen muss es dann so setzen, dass sie sich wieder vorne und hinten befinden, und so weiter.

Es gilt also zunächst, ggf. durch Ausprobieren, das System zu durchschauen und insofern ein Regelbewusstsein und logisches Denken zu entwickeln. Bei der Anwendung der Regel kommt dann aber die weitere Schwierigkeit dazu, den Plan motorisch umzusetzen, was mit den dünnen, runden Holzstäbchen nicht so einfach ist. Das Kind muss die Stäbchen immer akkurat auflegen, ohne die Konstruktion anzustoßen, da dies die Gefahr bergen würde, alles umzuschubsen. Je höher der Turm wird, desto schwieriger wird die Aufgabe dabei natürlich.

Das Kind trainiert also mit dieser Übung auch seine Geschicklichkeit und kann zudem versuchen, eine Methode zu entwickeln, wie es die Stäbchen möglichst sicher stapelt oder wie es beim Auflegen am besten vorgeht.

Altersempfehlung

Diese Aufgabe bietet Kindern von vier bis zehn Jahren eine interessante Herausforderung.

Perlen auffädeln

Bestandteile

- unterschiedlich große, bunte Holz- und Plastikperlen
- unterschiedlich dicke Schnüre und Bänder
- zwei Behälter

Vorgehen und Zielsetzung

Für dieses Tablett benötigen Sie eine Vielzahl unterschiedlicher Schmuckperlen, wie man sie im Hobbyladen für Do-it-yourself-Armbänder und -Ketten kaufen kann. Die Perlen sollen möglichst viele verschiedene Farben, Muster, Größen, Formen und Materialien haben. Wichtig ist insbesondere auch, dass sie unterschiedliche Lochdurchmesser haben, denn hierin besteht die Schwierigkeit der Übung. Alle Perlen legen Sie zusammen in einen Behälter. In den anderen Behälter legen Sie unterschiedlich dicke Schnüre und Bänder, zum Beispiel Lederschnüre in unterschiedlichen Stärken, Elastikband für die Schmuckherstellung und

Drachenschnur, die Sie auf verschiedene Längen, welche für Armbänder und Halsketten passend sind, zuschneiden. Beide Behälter stellen Sie nebeneinander auf das Tablett.

Die nun folgende Aufgabe dient vor allem der Förderung der Kreativität des Kindes, denn es soll aus den Perlen und Schnüren Schmuck herstellen, der ihm gefällt. Es kann sowohl in der Farbe bzw. Musterung als auch in Form, Material und Größe beliebig kombinieren – die Grenze der freien Auswahl wird jedoch durch die gewählte Schnur gesetzt, da sie unter Umständen zu dick ist, um eine gewisse Perle dort aufzufädeln. Steht das Kind bei seinem kreativen Tun vor diesem Problem, kann es sein Vorgehen auf die eine oder die andere Art korrigieren. Entweder legt es die betreffende Perle zurück und nimmt stattdessen eine andere oder es beginnt das betreffende Armband noch einmal von vorne und fädelt alles auf eine dünnere Schnur auf. Im Laufe der Übung wird das Kind lernen, darauf zu achten, wie dick eine Schnur ist und welchen Durchmesser die Löcher der Perlen haben, es wird also für seine Idee möglicherweise gleich die richtige Schnur auswählen. So wird es zum Beispiel für ein Armband mit unterschiedlichen Lochdurchmessern der Perlen gleich eine möglichst dünne Schnur suchen, da hierauf alle Sorten passen.

Das Kind trainiert bei dieser Aufgabe somit gleichermaßen die Entwicklung kreativer Ideen wie auch seine Wahrnehmung und zudem seine Geschicklichkeit beim Auffädeln der Perlen und beim Verknoten der Schnüre.

<u>Altersempfehlung</u>

Dieses Tablett kann von Kindern ab vier Jahren bearbeitet werden und bietet gleichzeitig eine interessante Aufgabe für Kinder im Alter von bis zu zehn Jahren.

Uhren stellen

Bestandteile

- fünf bis zehn Uhren

Vorgehen und Zielsetzung

Für dieses Aktionstablett benötigen Sie mehrere Uhren, wobei sich die Menge je nach Entwicklungsstand des Kindes unterscheiden sollte. Es sollten sowohl analoge als auch digitale Uhren sein, damit das Kind lernt, mit beiden Anzeigen umzugehen. Die Uhren stellen Sie auf unterschiedliche Zeiten; jede Uhr zeigt eine andere Zeit, die Abweichungen können dabei zwischen einer Minute und 23 Stunden 59 Minuten liegen. Die Schwierigkeit ist bei dieser Aufgabe zum einen, zwischen der analogen und der digitalen Anzeige umzudenken, und zum anderen, dass Zwölf- und 24-Stunden-Format zueinander in Beziehung zu setzen.

Es gibt nun zwei mögliche Herangehensweisen, die das Kind einschlagen könnte. Ein Bestreben wäre, alle Uhren auf die gleiche Zeit zu stellen; das Kind könnte sogar aufstehen, um auf einer anderen Uhr die tatsächliche Zeit in Erfahrung zu bringen und dann alle Uhren richtig zu stellen. Die andere Möglichkeit ist, dass das Kind die Uhren in eine Reihenfolge sortieren möchte, wobei es entweder von der frühesten zur spätesten Zeit oder umgekehrt (wie bei einem Countdown) vorgehen könnte. Dann steht es vor dem Problem, dass es bei einer analogen Uhr nicht weiß, ob es zum Beispiel zwölf Uhr nachts oder zwölf Uhr mittags ist, ob also zum Beispiel die digitale Zeit von 23:45 vorher einzuordnen ist oder nicht. Vielleicht entscheidet es sich dann einfach, es so oder so zu sehen. Vielleicht entscheidet es sich auch, seinen Lösungsweg doch noch einmal zu ändern und lieber alle Uhren auf die gleiche Zeit zu stellen.

In jedem Fall richtet sich dieses Aktionstablett an den Ordnungssinn und das Regelbewusstsein des Kindes, fördert aber auch, zwischen mehreren Möglichkeiten die vorteilhafteste auszuwählen. Zudem übt das

Kind so natürlich, die Uhrzeit auf verschiedene Arten lesen zu können und Zeitfolgen einordnen zu vermögen. Weiterhin trainiert das Kind hierbei, wenn es die Uhren verstellt, seine Feinmotorik und sein technisches Verständnis.

Altersempfehlung

Diese Übung ist für Kinder ab der zweiten Klasse geeignet; wenn Sie Ihrem Kind schon vorher das Uhrenlesen beigebracht haben, dann ist sie auch früher anwendbar.

Kategorien erstellen

Bestandteile

- diverse Objekte
- vier kleinere Behälter
- ein großer Behälter

Vorgehen und Zielsetzung

Für dieses Aktionstablett benötigen Sie eine Vielzahl von Objekten. Sie müssen alle unterschiedlich, jedoch in wenige Oberkategorien einzuordnen sein. So können Sie zum Beispiel Kastanien, Eicheln, Tannenzapfen und Holzstücke aus dem Bereich Natur verwenden, während Sie Radiergummis, Stifte, Tesafilm und Büroklammern aus dem Bereich Schule einsetzen; Spielzeugfiguren, Legosteine, Spielgeld und Murmeln sind zum Beispiel aus dem Bereich Spielzeug verwendbar, während Anhänger, Armbänder und Ohrclips aus dem Bereich Schmuck eingesetzt werden können. Es muss nicht die gleiche Anzahl an Unterkategorien innerhalb einer Oberkategorie gegeben sein und es können unterschiedliche Mengen der verschiedenen Objekte eingesetzt werden. Auch können Sie eine Kategorie „Diverses" vorsehen, in welche die Gegenstände eingeordnet werden, die in keine der anderen Kategorien passen. Alle Objekte legen Sie zusammen, gut vermischt, in einen großen, offenen Behälter. Entsprechend der Anzahl der Kategorien stellen Sie um ihn herum auf das

Tablett vier kleinere Behälter.

Das Kind wird wahrscheinlich nicht gleich erkennen, dass es sich um eine schwierigere Sortierübung handelt als die, welche es zuvor vielleicht schon gelöst hat. Daher wird es vielleicht zuerst versuchen, gleiche Objekte in einen Behälter zu sortieren, also zum Beispiel Kastanien zu Kastanien in eine Schüssel und Tannenzapfen zu Tannenzapfen in eine andere. Dabei wird es aber bald merken, dass etwas nicht stimmen kann, weil für dieses Vorgehen die Anzahl der Behälter nicht ausreicht. Dann wird es die verschiedenen Objekte genauer betrachten, versuchen, Gemeinsamkeiten zu erkennen, und seine vorherige Sortierung korrigieren. Ab dann wird es bei jedem neuen Objekt, welches es aus dem großen Behälter nimmt, gründlicher überlegen, wozu es passt oder ob es zu einer neuen Kategorie gehört.

Diese Übung fördert insbesondere die Wahrnehmung auf gehobenem Niveau sowie die Fähigkeit, systematisch zu denken. Sie trägt außerdem dazu bei, Ordnung herstellen zu können, was zum Beispiel nötig ist, um sein Zimmer aufzuräumen oder die Schulsachen übersichtlich aufzubewahren.

<u>Altersempfehlung</u>

Dieses Tablett eignet sich für Kinder von sechs bis zehn Jahren, je nachdem, wie viele Kategorien Sie verwenden und wie leicht bzw. schwer diese auseinanderzuhalten sind.

SPRACHKOMPETENZEN MIT AKTIONSTABLETTS FÖRDERN

Eine Geschichte nachbauen

Bestandteile

- acht Fotos bzw. Zeichnungen

Vorgehen und Zielsetzung

Dieses Aktionstablett soll die sprachlichen Fähigkeiten Ihres Kindes fördern, bevor es das Lesen lernt.

Sie benötigen hierfür eine Geschichte, die Sie Ihrem Kind vorlesen – denn hier müssen Sie ausnahmsweise einmal aktiv ins Geschehen des Aktionstabletts eintreten. Es kann eine Geschichte aus einem Märchen oder Bilderbuch sein, in dem Illustrationen vorhanden sind. Die Bilder, die zu dem Textauszug gehören, welchen Sie vorlesen, kopieren Sie und drucken Sie in Fotogröße aus. Wenn Sie einen Text ohne ausreichende Bebilderung verwenden möchten, können Sie die betreffenden Bilder auch zeichnen. Alternativ dazu können Sie Fotos Ihres letzten Urlaubs oder des letzten Kindergeburtstages verwenden und die Geschichte dazu selbst schreiben bzw. erzählen.

Alle Bilder legen Sie dann als Stapel auf das Tablett und geben dem Kind erst einmal einen Moment Zeit, bis es sich alle Bilder angeschaut hat. Dann beginnen Sie, langsam und deutlich Satz für Satz der Geschichte vorzulesen. Lassen Sie dem Kind zwischendurch immer genug Zeit zum Überlegen, bis es bemerkt hat, dass die Geschichte auf den Bildern zu sehen ist, und überblickt hat, welches Bild es zuerst bzw. als Nächstes auf das Tablett legen soll. Wenn das Kind es beim ersten Mal nicht geschafft hat, alle Bilder richtig zu ordnen, lesen Sie die Geschichte noch einmal vor.

Das Kind lernt auf diese Weise nicht nur, sich beim Zuhören zu konzentrieren, sondern auch, einen Reiz mit einem anderen zu verknüpfen, nämlich das Gehör und das Sehen. Auch wenn das Kind hier die Sprache nicht aktiv anwendet, beschäftigt sich sein Gehirn doch durch die Aufgabenstellung konzentriert mit dieser. Demnach ist diese Übung ein Grundstein für die später notwendige Fähigkeit, das gehörte Wort in ein Geschriebenes oder Gelesenes umzusetzen, nämlich zum Beispiel bei Diktaten oder Hörverständnisübungen.

Altersempfehlung

Diese Aufgabe ist für Kinder von drei bis sechs Jahren einsetzbar.

Wörter lernen

Bestandteile

- 20 Bilder

Vorgehen und Zielsetzung

Mit diesem Tablett soll ein erster, unbewusster Einstieg in das Lesen und Schreiben von Wörtern erreicht werden.

Zur Vorbereitung benötigen Sie zehn Bilder von Gegenständen, Tieren oder Personen, wobei Sie idealerweise pro Verwendung dieser Idee ein Themengebiet einsetzen sollten. Diese zehn Bilder drucken bzw. kopieren oder zeichnen Sie gut erkennbar, und zwar in doppelter Ausfertigung. Auf jeweils eine Ausfertigung der Bilder schreiben Sie dann das Wort, welches die Person, das Tier oder die Sache bezeichnet, mit dem bestimmten Artikel davor. Haben Sie also ein Bild von einem Hund, dann schreiben Sie auf das zweite Bild „der Hund". Da es hier zunächst nur um das Lernen des Grundwortes geht, verzichten Sie auf die Verwendung des Plurals bzw. das Abbilden mehrerer Personen, Sachen oder Tiere. Legen Sie die 20 Bilder nun so verteilt auf das Tablett, dass alle Bilder sichtbar sind, aber die zueinander gehörenden Bilder nicht direkt neben- oder untereinanderliegen.

Das Kind muss dann erkennen, auf welchen zwei Abbildungen jeweils das Gleiche zu sehen ist. Anschließend wird es beide Bilder aufeinander oder nebeneinanderlegen. Insofern handelt es sich hierbei um eine simple Wahrnehmungs- und Zuordnungs-Aufgabe. Es gilt aber zum einen, dass sich das Kind von der Schrift auf dem jeweils zweiten Bild nicht irritieren lässt, sondern erkennt, dass es sich trotzdem um die gleiche Person, die gleiche Sache oder das gleiche Tier handelt. Dementsprechend dient diese Übung ebenfalls der Weiterentwicklung der Wahrnehmung und des Urteilsvermögens.

Zum anderen handelt es sich hierbei um eine sprachliche Übung, welche, ohne dass das Kind schon lesen kann, das kindliche Gehirn dazu bringt, sich mit geschriebener Sprache zu beschäftigen. Denn bei der Zuordnung des Bildes mit dem geschriebenen Wort zu dem Original nimmt es die Schrift wahr und setzt sie zu dem Bild in Beziehung. Sieht es dann später das Wort wieder, wird es leichter lernen, dieses zu lesen und zu schreiben, da es sich aufgrund dieser unbewussten Begegnung schon ein bisschen daran erinnert.

Altersempfehlung

Mit diesem Tablett können Sie Ihr Kind im Alter von vier bis sechs Jahren auf das Lesen und Schreiben vorbereiten.

Alphabet aus Steinen

Bestandteile

- 26 Kieselsteine
- Sand
- ein Behälter

Vorgehen und Zielsetzung

Mit diesem Aktionstablett soll Ihrem Kind geholfen werden, sich zu merken, in welcher Reihenfolge die Buchstaben des Alphabets stehen.

Zur Vorbereitung schreiben Sie mit einem Permanentmarker je einen Buchstaben des Alphabets in Blockschrift auf einen weißen Kieselstein und bedecken den Boden des Tabletts mit einer dicken Schicht aus Sand. Letzteres dient zum einen der Verschönerung des Tabletts und hat zum anderen praktische Gründe, denn auf einem glatten Boden würden die Steine leicht wegrutschen. Legen Sie nun den Stein mit dem Buchstaben A relativ mittig in die Nähe des linken Randes des Tabletts und drücken Sie ihn ein wenig in den Sand, sodass er in einer kleinen Mulde liegt. Drücken Sie dann in gleichmäßigen Abständen mit einem der Steine weitere zwölf Mulden waagerecht bis zum rechten Tablettrand in den Sand. Unter dieser Reihe legen Sie eine weitere Reihe von 13 Mulden an. Diese kleinen Mulden sollen verdeutlichen, dass dort jeweils ein Stein hingelegt werden soll. Die verbleibenden 25 Steine mit den Buchstaben B bis Z legen Sie durcheinandergemischt in einen offenen Behälter (z. B. in eine Holzschale), welchen Sie in den Bereich oberhalb der Mulden stellen.

Das Kind hat dann die Aufgabe, die Steine mit den Buchstaben B bis Z an den richtigen Stellen in die Mulden zu legen. Da die Steine so vermischt sind, dass das Kind nicht immer die nächsten folgenden Steine oben sieht, muss es nach den passenden Steinen in der Schale suchen oder die Mulden abzählen, um die jeweils gerade oben aufliegenden Steine richtig abzulegen. Das Kind muss sich also erinnern, wie das Alphabet geht, es sich wahrscheinlich mehrfach innerlich vorsagen, und beschäftigt sich daher intensiv mit der Reihenfolge der Buchstaben. Wenn es einmal einen Buchstaben falsch einordnet, wird ihm später auffallen, dass etwas nicht stimmen kann, wenn es bemerkt, dass ein anderer Buchstabe an diese Stelle gehört. Dann wird es erneut alle Buchstaben aufsagen und abzählen, bis es den Fehler gefunden hat und die Steine richtig ordnen kann.

Altersempfehlung

Diese Übung ist für Kinder der Vorschule und der ersten Klasse geeignet.

Anfangsbuchstaben finden

Bestandteile

- Kärtchen im Format DIN A8
- eine flache Schale

Vorgehen und Zielsetzung

Mithilfe dieses Tabletts soll Ihr Kind seine Rechtschreibung auf einfachem Niveau verbessern.

Sie benötigen dafür eine beliebige Anzahl an Kärtchen, die ungefähr das Format DIN A8 haben sollten. Hierauf zeichnen oder kleben Sie Bilder von Sachen, Tieren und Personen, deren Bezeichnungen dem Kind bekannt sind (zum Beispiel ein Haus, ein Pferd, eine Familie, ein Mädchen, ein Apfel, ein Stuhl etc.). Die Bilder müssen eindeutig erkennbar sein. Außerdem haben Sie eine entsprechende Anzahl an Kärtchen, auf die Sie jeweils einen Anfangsbuchstaben eines der Wörter als Großbuchstaben schreiben (zum Beispiel A für Apfel). Die Bilder verteilen Sie locker auf dem Tablett, während Sie die Buchstabenkärtchen in die Schale legen und diese auf das Tablett stellen. Geeignet ist eine flache, breite Schale oder ein tiefer Teller, damit das Kind einen besseren Überblick über die Buchstaben hat.

Es sieht nun die Bilder und greift nach den Buchstaben, wobei es entweder erst einen Buchstaben ziehen und überlegen kann, zu welchem Wort bzw. Bild er gehört, oder gezielt nach dem passenden Buchstaben für ein Bild suchen kann, wenn es ein Wort und dessen Schreibweise kennt. Den betreffenden Buchstaben legt es jeweils neben das passende Bild.

Das Kind muss bei der Ausführung dieser Übung nachdenken, wie die Sachen, Tiere oder Personen heißen, die auf den Bildern zu sehen sind, und sich erinnern, wie diese Wörter (am Anfang) geschrieben werden. Es werden insofern gleichzeitig die Sprachkompetenz und das abstrakte Denken (vom Bild zum Wort) trainiert. Außerdem muss das Kind sich konzentrieren, um einen Überblick über die Bilder und Buchstaben zu bekommen und diesen auch zu behalten.

Altersempfehlung

Diese Aufgabe eignet sich für Kinder, die gerade angefangen haben, lesen zu lernen, oder die mit der Rechtschreibung grundlegende Probleme haben.

Große und kleine Buchstaben

Bestandteile

- 26 Kärtchen
- 26 Wäscheklammern
- Pappstückchen
- ein Behälter

Vorgehen und Zielsetzung

Zur Vorbereitung dieser Aufgabe schreiben Sie die 26 Buchstaben des Alphabets als Großbuchstaben auf die 26 Kärtchen, die ungefähr das Format einer Visitenkarte haben sollten. Benutzen Sie einen farbigen Stift oder farbige Karten. Legen Sie die Kärtchen dann in der Reihenfolge des Alphabets auf das Tablett. Schreiben Sie sodann die 26 Buchstaben als Kleinbuchstaben auf kleine Pappstückchen, um diese am hinteren Teil auf die Wäscheklammern zu kleben. Die Klammern sollten aus Naturholz sein, um neutral auszusehen; wenn Sie Plastikklammern verwenden, müssen sie alle die gleiche Farbe haben. Die präparierten Wäscheklammern legen Sie vermischt in den Behälter und stellen diesen auf das Tablett.

Die Aufgabe des Kindes ist es nun, zu jedem Großbuchstaben den passenden Kleinbuchstaben zu finden. Diesen soll es sodann mit der Klammer an das zugehörige Kärtchen klemmen. Somit wird mit dieser Übung ganz nebenbei auch noch die Feinmotorik trainiert. In erster Linie aber geht es darum, dass das Kind die Schreibweise aller Buchstaben des

Alphabets lernt und dabei das Aussehen sowohl der Groß- als auch der Kleinbuchstaben verinnerlicht, also zukünftig zum Beispiel beim Lesen in beiden Schreibweisen die Buchstaben richtig erkennt und sich beim Schreiben erinnert, wie ihre Form ist.

Altersempfehlung

Dieses Tablett eignet sich für Schüler der ersten Klasse und der Vorschule, wenn Druckbuchstaben verwendet werden. Sie können das Ganze aber auch für das Lernen der Schreibschrift verwenden; dann ist es für Schüler der zweiten Klasse einsetzbar.

Anfangsbuchstaben in Sand malen

Bestandteile

- Sand
- ein Stock
- zehn Holzstücke

Vorgehen und Zielsetzung

Zur Vorbereitung dieser Übung bedecken Sie den Boden des Tabletts mit einer dicken Sandschicht. Dann denken Sie sich zehn Wörter aus, die Ihrem Kind schon bekannt sind. Sie können dabei Nomen, Verben, Adjektive und Adverbien verwenden. Es sollten aber in jedem Fall längere Wörter sein, da es dann einfacher ist, sie auch ohne ihren jeweiligen Anfangsbuchstaben zu erkennen, denn diese Buchstaben soll das Kind später selbst herausfinden. Auf die Holzstücke, die länglich und zehn bis 15 Zentimeter lang sein sollten, schreiben Sie je eines der Wörter, allerdings erst ab dem zweiten Buchstaben, weshalb Sie logischerweise immer mit einem kleinen Buchstaben anfangen (schreiben Sie zum Beispiel statt „Fußball" also „ußball").

Die so vorbereiteten Holzstücke legen Sie in regelmäßigen Abständen in den Sand, wobei Sie sie immer ein bisschen in die Oberfläche hineindrücken und darauf achten, dass vor jedem der Holzstücke genug

Platz ist, um einen Buchstaben in den Sand zu zeichnen. Dazu legen Sie einen Stock, der ungefähr die Dicke und Länge eines Stiftes haben sollte. Zeichnen Sie außerdem bei einem Wort bereits den Anfangsbuchstaben in den Sand vor das Holzstück, damit das Kind weiß, dass es nun seine Aufgabe ist, bei den anderen Wörtern die Anfangsbuchstaben mit dem Stock in den Sand zu malen.

Es muss also nachdenken, welches Wort es jeweils ist, das auf einem der Holzstücke steht, und sich erinnern, mit welchem Anfangsbuchstaben es geschrieben wird. Auf diese Weise werden die Rechtschreibung und die Konzentration des Kindes gefördert, denn es muss sich aktiv mit der Schreibweise der Wörter auseinandersetzen und daraus eine Schlussfolgerung ziehen.

Altersempfehlung

Dieses Tablett eignet sich für Schüler der ersten und zweiten Klasse.

Fehlende Buchstaben finden

Bestandteile

- Zeichenkarton
- kleine Pappstücke
- ein Behälter

Vorgehen und Zielsetzung

Zur Vorbereitung der Übung schneiden Sie den Zeichenkarton auf die Größe des Tabletts zu und schreiben über seine Fläche verteilt Wörter und kurze Sätze. Hierbei können alle Wortarten vorkommen, es müssen aber natürlich Wörter sein, die das Kind auch in Ihrer Schreibweise kennt. Schreiben Sie die Buchstaben daher deutlich und in Druckschrift und beachten Sie die Groß- und Kleinschreibung. An je einer Stelle der Wörter bzw. zwei bis drei Stellen der Sätze lassen Sie jedoch eine Lücke, anstatt den betreffenden Buchstaben zu schreiben. Unter alle Buchstaben sowie auch unter die Zwischenräume, wo ein Buchstabe fehlt, zeichnen Sie je einen Strich. Dies macht dem Kind deutlich, dass an den betreffenden Stellen Buchstaben fehlen. Neben die Wörter und Sätze können Sie je ein Bild malen oder kleben; dies veranschaulicht noch einmal die Bedeutung und wertet das Tablett optisch auf.

Die fehlenden Buchstaben schreiben Sie auf kleine Pappstücke, wobei Sie wiederum farbige Stifte verwenden und die Groß- und Kleinschreibung beachten. Diese Buchstabenkärtchen legen Sie in einen Behälter, den Sie in eine nicht beschriebene Ecke des Tabletts stellen.

Das Kind soll erkennen, welche Buchstaben (ggf. in Groß- oder Kleinschreibung) an den jeweiligen Stellen fehlen. Wenn es dies anhand der Wörter erkennt, dann wird es vielleicht gezielt nach passenden Buchstaben suchen; es ist aber auch möglich, dass es sich Buchstaben aus dem Behälter nimmt und dann schaut, wo sie passen könnten. Neben dem Training der Rechtschreibung trägt dieses Tablett also auch zur Förderung der Aufmerksamkeit und zum Entwickeln einer strukturierten Arbeitsweise bei.

Altersempfehlung

Die Übung ist für Kinder ab der ersten Klasse geeignet.

Wörter in eine Geschichte einfügen

Bestandteile

- Zeichenkarton
- kleine Kärtchen

Vorgehen und Zielsetzung

Auf den Zeichenkarton schreiben Sie eine kleine Geschichte oder einen Ausschnitt aus einem Buch. Als Vorlage hierfür können Sie zum Beispiel ein Kinderbuch oder ein Märchen nehmen. Jedoch schreiben Sie nicht den ganzen Text auf, sondern lassen an einigen Stellen Substantive fehlen. An diesen Stellen fügen Sie dann jeweils ein Bild ein, auf dem die betreffende Person oder Sache zu sehen ist. Wenn Sie künstlerisch begabt sind, können Sie die Bilder selbst zeichnen, ansonsten drucken Sie sie in Farbe aus bzw. kopieren sie aus dem entsprechenden Buch und kleben sie auf. Wichtig ist, dass die Person oder Sache auf dem Bild gut zu erkennen ist.

Der Text sollte so groß geschrieben und die Lücken so groß sein, dass eines der Kärtchen ohne Probleme in eine Lücke passt. Hierbei sollten die Kärtchen von einer gewissen Stärke sein (zum Beispiel von Karteikarten) und ungefähr das Format DIN A8 haben, damit sie handlich sind. Sie können gern farbige Kärtchen verwenden und auch der Karton, den Sie mit der Geschichte beschreiben, kann eine ansprechende Farbe haben, um die Motivation des Kindes zu steigern. Auf die Kärtchen schreiben Sie die Substantive, die eingefügt werden sollen. Dann legen Sie sie ungeordnet an den unteren Rand des Tabletts, wobei alle Kärtchen sichtbar sein sollten.

Die Aufgabe des Kindes ist nun, jeweils das Wort zu erkennen, das zu dem jeweiligen Bild passt. Das Kind übt insofern, einen Begriff einem optischen Reiz zuzuordnen, festigt also seinen Wortschatz und lernt dabei außerdem, eine gegenständliche Information (Bild) mit einem abstrakten Gebilde (Wort) zu kombinieren. Zudem muss es eine gewisse

Anzahl ungeordneter Wörter überblicken, das heißt, seine Aufmerksamkeit wird geschult. Darüber hinaus beschäftigt sich das Kind mit dem Thema Lesen und nimmt die Rechtschreibung der Wörter unbewusst in sich auf.

Es ist auch möglich, den Schwierigkeitsgrad zu erhöhen, indem Sie in die Lücken keine Bilder zeichnen bzw. kleben, sondern sie ganz frei lassen. Dann muss das Kind nämlich aus dem Zusammenhang heraus (oder aus der Erinnerung, wenn es die Geschichte kennt) überlegen, welches Wort an der betreffenden Stelle passen könnte. Bei dieser Methode ist es dann auch möglich, andere Wortarten, wie zum Beispiel Verben, hinzuzunehmen (die man nicht unmissverständlich in einem Bild darstellen kann) und somit das Kind in der Fähigkeit zu schulen, zu erkennen, welche Wortart an der Stelle des Satzes überhaupt verwendet werden kann. Da das Tablett dann mangels Bilder weniger interessant aussieht, sollten Sie in diesem Fall aber andere Illustrationen um den Text herum anbringen.

Dieses Tablett kann man übrigens nicht nur auf Deutsch, sondern auch auf Englisch gestalten und somit auch für das Fremdsprachenlernen nutzen.

Altersempfehlung

Die Übung eignet sich für Schulkinder ab der zweiten Klasse, je nach Schwierigkeitsgrad des Textes.

Wörter aus Buchstaben legen

Bestandteile

- weiße Pappe
- farbige Stifte
- ein Behälter
- ggf. Zeichenkarton

Vorgehen und Zielsetzung

Dieses Tablett soll der Förderung der Rechtschreibung und des Wortschatzes Ihres Kindes dienen.

Schreiben Sie dafür auf weiße Pappe zehn Wörter, die dem Kind bekannt sind, wobei Sie ausreichend groß schreiben und zwischen den Buchstaben immer einen gewissen Abstand lassen, da Sie die Buchstaben anschließend ausschneiden müssen. Wenn Sie dabei farbige Stifte verwenden, wirkt es erstens schöner und somit interessanter; zweitens können Sie diese einsetzen, um die Übung leichter zu gestalten, wenn Sie dies für nötig halten. In diesem Fall benutzen Sie pro Wort immer eine Farbe (bei zehn Wörtern benötigen Sie also zehn Farben). Andernfalls benutzen Sie entweder für alle Wörter die gleiche Farbe oder Sie wechseln innerhalb eines Wortes die Farben ab. Zur Illustration, aber auch als Hinweis können Sie einige der Wörter als Bilder auf Zeichenkarton zeichnen und diesen als Untergrund auf das Tablett legen. Es müssen bzw. sollen aber nicht alle Wörter als Zeichnungen vorkommen; im Verhältnis sollten sechs bis sieben bebilderte Wörter gegenüber drei bis vier unbebilderten Wörtern vorhanden sein. Die ausgeschnittenen Buchstaben legen Sie vermischt in eine Schüssel o. Ä. und stellen diese auf das Tablett. Ein Wort können Sie als Hinweis schon fertig oder angefangen auf das Tablett legen.

Dann weiß das Kind sofort, dass es aus den Buchstaben Wörter legen soll. Es wird dann zunächst die Buchstaben für die Wörter, zu denen Zeichnungen vorhanden sind, heraussuchen und idealerweise die Wörter in korrekter Rechtschreibung legen. Weil danach noch Buchstaben übrig sind, wird es auf die Idee kommen, dass es noch weitere Wörter legen soll. Haben Sie die Variante gewählt, dass je ein Wort die gleiche Farbe hat, fällt es dem Kind nicht schwer, die Buchstaben in Gruppen zu ordnen, und es muss dann durch Probieren und Nachdenken herausfinden, in welcher Reihenfolge die Buchstaben stehen müssen. Haben Sie die Wörter nicht farblich kenntlich gemacht, ist es schwieriger. Dann muss das Kind mit allen übrigen Buchstaben herumprobieren und konzentriert nachdenken, welche Wörter es mit diesen Buchstaben kennt. Sprachliche Kompetenzen, Aufmerksamkeit und Ausdauer werden somit gleichermaßen gefördert.

Altersempfehlung

Dieses Tablett ist für Kinder von der ersten bis zur vierten Klasse einsetzbar, je nachdem, wie schwierig die Wörter sind und wie weit Ihr Kind sprachlich entwickelt ist.

Wörter aus Silben zusammenstellen

Bestandteile

- 20 Kärtchen
- zwei Holzstäbe

Vorgehen und Zielsetzung

Dieses Tablett dient der Festigung des Wortschatzes und der Förderung der Rechtschreibung.

Zur Vorbereitung überlegen Sie sich zehn Wörter, die Ihr Kind kennt, und schreiben davon jeweils den Anfang auf ein Kärtchen, das ungefähr das Format einer Visitenkarte haben sollte, und das Ende auf ein anderes. Haben Sie also zum Beispiel das Wort „glücklich" ausgesucht, dann schreiben Sie auf ein Kärtchen „glück" und auf das andere „lich". Es muss aber nicht immer nur eine Silbe auf einem Kärtchen stehen. So können Sie zum Beispiel das Wort „spazieren" in „spa" und

„zieren" oder „spazie" und „ren" aufteilen. Benutzen Sie beim Schreiben der Kärtchen Farbstifte oder farbigen Zeichenkarton, um das Tablett ansprechender zu gestalten. Auch können Sie verschiedene Farben benutzen, wobei Sie immer die beiden Kärtchen eines Wortes in der gleichen Farbe schreiben. Auf diese Art wird die Aufgabe für das Kind erleichtert; dies ist sinnvoll, wenn es mit der Sprache Probleme hat. Allerdings sollten Sie trotzdem immer zwei bis drei Wörter in ein- und derselben Farbe schreiben, damit das Kind nachdenken muss.

Legen Sie nach Abschluss dieser Vorbereitungen die Anfänge der Wörter auf die linke Seite des Tabletts und die Enden auf die rechte. In der Mitte lassen Sie einen Zwischenraum, welcher ungefähr der Breite der beiden anderen Bereiche zusammen entspricht. Zur Verdeutlichung, aber auch um zu verhindern, dass die Kärtchen über das Tablett rutschen, legen Sie je einen Holzstab als Abtrennung zwischen die Bereiche. Das Kind muss nun die Wortstücke überblicken und erkennen, dass jeweils ein linkes und ein rechtes Stück zusammengehören. Es wird dann nach den Kärtchen auf der rechten Seite suchen, die jeweils zu denen auf der linken Seite passen, und die Wörter in der Mitte zusammenlegen. Hierbei kann es entweder der Reihe nach vorgehen oder es schaut zunächst, welche Wörter es leicht herausfindet, um danach weniger Möglichkeiten für die schwereren Wörter zu haben. Neben den sprachlichen Kompetenzen werden bei dieser Übung also auch die Konzentration und die Methodik geschult.

Altersempfehlung

Das Tablett ist für Kinder ab der zweiten Klasse geeignet und ist nicht nur für den Deutsch-, sondern auch für den Englischunterricht einsetzbar.

Zusammengesetzte Wörter bilden

Bestandteile

- mindestens 20 Kärtchen im Format DIN A8

Vorgehen und Zielsetzung

Wie bei der vorherigen Übung geht es auch bei diesem Aktionstablett um die Förderung des Wortschatzes und der Rechtschreibung. Hier geht es allerdings darum, zusammengesetzte Substantive zu erstellen. Das Kind lernt hierbei, welche Wörter miteinander kombiniert ein neues Wort ergeben können und dass solche Wortverbindungen zusammengeschrieben werden.

Zur Vorbereitung denken Sie sich mindestens zehn Wörter aus, die jeweils aus zwei Wörtern bestehen, zum Beispiel Wasserhahn oder Sonnenschirm. Das erste Wort, zum Beispiel hier Wasser oder Sonnen, schreiben Sie auf ein Kärtchen und das zweite, also hier Hahn oder Schirm, auf ein anderes. Es empfiehlt sich, alles in Großbuchstaben zu schreiben, da die Wörter zusammengelegt werden sollen; ein einzelner Großbuchstabe am Anfang des zweiten Wortes wäre dabei irritierend. Zum Schreiben können Sie farbige Stifte verwenden, die Farben sollten aber keinen Aufschluss darüber geben, welche Wörter zusammengehören, also sollten Sie nicht für die zwei Wörter, aus denen ein zusammengesetztes Wort gebildet werden soll, die gleiche Farbe verwenden, sondern beliebig abwechseln oder insgesamt nur eine Farbe einsetzen.

Legen Sie dann alle Kärtchen durcheinander auf das Tablett und achten Sie darauf, dass keines verdeckt ist. Sie können dem Kind einen Hinweis auf die Erwartung geben, indem Sie ein Wort schon zusammengesetzt hinlegen; Sie können das Kind aber auch selbst nachdenken lassen, was es mit den Wörtern machen soll. Es wird dann überlegen, welche Wörter zusammenpassen, und verschiedene Möglichkeiten ausprobieren, um Wortverbindungen herzustellen – vielleicht sogar welche, die Sie sich gar nicht gedacht haben. Wenn allerdings am Ende Wörter nicht zusammenpassen, wird das Kind noch einmal kritisch überdenken, ob es eine zuvor gewählte Verbindung auflösen und die Wörter anders zusammensetzen kann. Es ist aber natürlich auch möglich, dass das Kind eine Wortneuschöpfung lustig findet und diese dann bestehen lässt. Neben der sprachlichen Kompetenz wird so auch ein wenig die Kreativität einbezogen und zudem das abstrakte Denken gefördert.

Altersempfehlung

Dieses Aktionstablett eignet sich für Kinder ab der zweiten Klasse.

Satzmuster erkennen

Bestandteile

- weißer Zeichenkarton
- Zeichenkarton oder Stifte in sechs Farben
- sechs offene Behälter

Vorgehen und Zielsetzung

Bei dieser Aufgabe soll das Kind lernen, welche Satzglieder im Satz an welcher Stelle stehen können.

Hierfür fertigen Sie vorab auf dem Zeichenkarton, den Sie auf die Größe des Tabletts zuschneiden, farbige Satzmuster an. Dabei bekommt jede Art von Satzglied eine eigene Farbe. Zum Beispiel ist das Subjekt rot, das Prädikat gelb, das Akkusativ-Objekt blau, das Dativ-Objekt lila, die Ortsangabe orange und die Zeitangabe braun. Sie denken sich dann Sätze aus (die Sie für sich aufschreiben sollten) und bringen nur die entsprechenden Farben in je einer Reihe pro Satz auf den Zeichenkarton auf. Bei dieser Übung soll es zunächst nur um Aussagesätze gehen, deshalb setzen Sie hinter jede Farbfolge einen gut sichtbaren Punkt.

Die Farbfolgen können Sie entweder erstellen, indem Sie mit Farbstiften die betreffenden Bereiche auf dem Papier kolorieren, oder Sie schneiden die Felder aus farbigem Zeichenkarton oder Buntpapier aus und kleben sie auf. Wenn Sie zum Beispiel den Satz haben: „Emma macht nach der Schule ihre Hausaufgaben", dann zeichnen oder kleben Sie (obigem Beispiel folgend): rot - gelb - braun - blau. Der Satz könnte aber auch heißen: „Nach der Schule macht Emma ihre Hausaufgaben" oder „Ihre Hausaufgaben macht Emma nach der Schule". Wichtig ist also, dass Sie bei ihren Satzmustern möglichst viel Variation einbringen, damit das Kind lernt, welche verschiedenen Arten des Satzbaus möglich sind (und welche nicht). Als Vorlage für die Sätze können Sie Satzbauübungen aus den Schulmaterialien Ihres Kindes oder aus dem Internet heranziehen.

Die einzusetzenden Wörter schreiben Sie auf Abschnitte des farbigen Kartons, die natürlich jeweils den Farben der Felder entsprechen und ungefähr die gleiche Größe wie die Felder haben müssen. Dann legen Sie die Abschnitte nach Farben sortiert in die Behälter, die Sie an den Rand des Tabletts stellen. Alternativ dazu können Sie auch weiße Abschnitte mit Farbstiften beschreiben, sollten diese dann aber in farblich entsprechende Behälter legen, um das Tablett bunter und somit interessanter zu gestalten.

Das Kind hat nun die Aufgabe, zum einen die Satzglieder entsprechend den Farbfeldern aus den Behältern zu nehmen und auf die Felder zu legen; dies bewirkt, dass sich ihm die möglichen Wortstellungen im Aussagesatz einprägen. Zum anderen muss es die Satzglieder auch sinnvoll zusammenfügen, sodass das Gehirn sich mit den Wortbedeutungen auseinandersetzt und sie logisch kombiniert. In dieser Hinsicht wird das Kind vielleicht im Laufe der Übung bemerken, dass ihm später ein Satzglied fehlt oder es dort mehr Sinn macht als an der Stelle, wo es dieses zuerst eingesetzt hat, und insofern seinen Fehler korrigieren müssen.

Dies schult die Fähigkeit, systematisch vorzugehen, vorausschauend zu denken und inhaltliche Zusammenhänge zu verstehen. Außerdem wird die Fähigkeit trainiert, eigene Entscheidungen zu treffen und Konzepte zu entwickeln, da die Kinder unterschiedlich an diese Aufgabe herangehen können: Ein Kind mag erst versuchen, einen Satz vollständig fertigzustellen, während ein anderes Kind alle Satzglieder auf den

Feldern verteilt – zunächst nur nach den Farben gehend – und dann untereinander verschiebt, um sinnvolle Sätze zu erreichen.

Altersempfehlung

Dieses Tablett ist für Kinder der dritten und vierten Schulklasse geeignet.

Wortarten sortieren

Bestandteile

- 30 Kärtchen oder Holzstücke
- fünf Behälter

Vorgehen und Zielsetzung

Mit diesem Tablett wird das grammatikalische Verständnis Ihres Kindes gefördert, indem es Wortarten anhand ihrer Gemeinsamkeiten erkennen und einander zuordnen muss.

Zur Vorbereitung dieser Aufgabe denken Sie sich jeweils sechs Wörter der folgenden Wortarten aus: Nomen (z. B. Haus, Schwester), Verben (z. B. laufen, essen), Adjektive (z. B. schön, groß), lokale Adverbien (z. B. hier, oben) und temporale Adverbien (z. B. heute, jetzt). Schreiben Sie dann je eines dieser Wörter auf ein Kärtchen, das ungefähr die Größe einer Visitenkarte haben sollte, oder auf ein Stück Holz in entsprechender Größe (Letzteres wirkt interessanter auf das Kind, ist aber schwieriger herzustellen). Wenn Sie Kärtchen nehmen, verwenden Sie am besten farbiges Papier oder schreiben Sie die Wörter mit einem Farbstift. Legen Sie jeweils eines der Kärtchen bzw. Holzstücke in einen der Behälter, sodass pro Wortart ein Behälter belegt wird, und stellen Sie die Behälter innen am linken, am oberen und am rechten Rand des Tabletts auf. In die Mitte legen Sie dann alle anderen Kärtchen bzw. Holzstücke, wobei Sie sie gut vermischen und haufenförmig aufstapeln.

Bei der Bearbeitung der Aufgabe bemerkt das Kind dann, dass die fünf Kärtchen, die in den Behältern liegen, jeweils anders sind (auch wenn ihm die Bezeichnungen der Wortarten vielleicht noch nicht geläufig sind; aus diesem Grund sollen sie auf dem Tablett auch unerwähnt bleiben). Bei jedem Wort, welches es von dem Haufen wegnimmt, überlegt es also, mit welchem Wort in den Behältern es etwas gemeinsam hat. Die Einordnung der Nomen wird ihm am leichtesten fallen, da sie als einzige an ihrem großen Anfangsbuchstaben zu erkennen sind. Dann muss das Kind erkennen, dass zum Beispiel laufen, essen, schlafen, spielen etc. alles Tätigkeiten sind, während es sich zum Beispiel bei schön, groß, alt, klein etc. um Eigenschaften handelt. Am schwierigsten wird es für das Kind sein, die lokalen und die temporalen Adverbien von den Adjektiven zu unterscheiden.

Wenn Sie befürchten bzw. wissen, dass Ihr Kind in solchen Fällen Probleme hat, können Sie deshalb noch jeweils einen Zettel in die Behälter kleben, auf die Sie die entsprechenden Fragen schreiben: Wer oder was? (Nomen), Was machst du? (Verben), Wie? (Adjektive), Wo? (lokale Adverbien), Wann? (temporale Adverbien).

Altersempfehlung

Diese Übung ist für Kinder der dritten und vierten Schulklasse einsetzbar.

Eine Geschichte in Bildern wiedergeben

Bestandteile

- Zeichenkarton
- sechs Karten im Format DIN A7

Vorgehen und Zielsetzung

Um dieses Aktionstablett vorzubereiten, schneiden Sie den Zeichenkarton auf die Größe des Tabletts zu und schreiben auf die linke Hälfte eine kleine Geschichte. Sie können sie sich selbst ausdenken oder einen Ausschnitt aus einem Märchen oder einem Kinderbuch abschreiben. Es muss in jedem Fall ein Text sein, in dem eine Handlung geschieht, also keiner, in dem zum Beispiel eine Person beschrieben wird oder ein Gespräch stattfindet. Die Geschichte sollte in sechs einzelne Handlungsabschnitte aufgeteilt sein. Benutzen Sie zum Schreiben einen farbigen Stift und schreiben Sie schön und gut leserlich.

Passend zu der Geschichte benötigen Sie nun sechs Karten, die ungefähr das Format DIN A7 haben sollten. Auf diesen Karten soll die Geschichte noch einmal in Bildern stattfinden. Hierfür zeichnen Sie das Hauptgeschehen der einzelnen Handlungsabschnitte auf die Karten, sodass immer eine Karte einem Handlungsabschnitt zugeordnet werden kann. Es kommt dabei nicht darauf an, dass Sie perfekt zeichnen können, sondern dass der Inhalt erkennbar ist. Legen Sie nun die sechs Karten auf den rechten Teil des Tabletts bzw. Zeichenkartons, allerdings in einer falschen Reihenfolge.

Die Aufgabe des Kindes ist es, die Geschichte zu lesen (dies kann es auch gern laut tun) und die Bildergeschichte in die richtige Reihenfolge zu bringen. Beim Lesen wird es automatisch auch auf die Bilder rechts schauen und dabei bemerken, dass der Verlauf der Bilder nicht mit dem Verlauf der Geschichte übereinstimmt. Es wird dann vergleichen, welcher Abschnitt auf welchem Bild zu sehen ist, und die Anordnung der Karten dementsprechend korrigieren. Hierfür muss es aufmerksam lesen und hinschauen.

Das Leseverständnis und das Verständnis von Zusammenhängen wird auf diese Weise geschult; gleichzeitig befasst sich das Kind mit dem (bei vielen unbeliebten) Thema Lesen und trainiert seine Konzentrationsfähigkeit.

Mit einem leichten Text ist es auch möglich, diese Übung auf Englisch anzuwenden; auf diese Art verbessern sich dann zusätzlich das Verständnis der Fremdsprache, das Vokabular und das Verständnis des Satzbaus.

Altersempfehlung

Dieses Tablett ist für Kinder geeignet, welche die dritte oder vierte Schulklasse besuchen.

Anzahlen wiedererkennen

Bestandteile

- zehn Bilder
- zehn Karten

Vorgehen und Zielsetzung

Bevor das Kind die Zahlen lernt, können Sie mit dieser Übung bereits den Grundstein dafür legen. Denn um die Zahlen zu lernen, muss es erst einmal eine Anzahl erkennen und abstrakt einordnen können.

Zur Vorbereitung drucken oder zeichnen Sie zehn Bilder in der Größe normaler Fotos, auf denen jeweils mehrere Menschen, Tiere oder Sachen zu sehen sind. Es muss sich hierbei immer um unterschiedliche Anzahlen und um reale Motive handeln, also keine Symbole o. Ä. verwenden, denn Letztere sollen auf den zehn Karten zu sehen sein. Zu jeder der Gruppen auf den Bildern zeichnen Sie also auf je eine der zehn Karten, welche ungefähr das gleiche Format wie die Bilder haben müssen, die entsprechende Anzahl an Markierungen. Haben Sie zum Beispiel ein Bild mit fünf Kindern, dann zeichnen Sie also fünf Kreise (oder ähnliche Symbole) auf eine Karte. Verwenden Sie dabei auf allen Karten die gleiche Art von Symbolen. Alle Bilder legen Sie sodann auf die linke Hälfte des Tabletts und alle Karten auf die rechte, sodass alles sichtbar ist.

Das Kind soll nun jeweils eine Karte dem Bild zuordnen, auf dem die gleiche Anzahl zu sehen ist. Was sich eigentlich einfach anhört, ist für das kindliche Gehirn schwer, denn es muss abstrahieren. Auf den Bildern sieht es jeweils reale Wesen oder Dinge, die für das Kind erst einmal nichts mit dem gemeinsam haben, was es auf den Karten erkennt. Da die Bilder auf der einen Seite und die Karten auf der anderen Seite liegen, wird es aber nicht auf die Idee kommen, dass es die Bilder und die Karten (also die ungleichen Sachen) auseinandersortieren soll. Während es überlegt, was hier nun zu tun ist, wird es sich die Bilder und die Karten genau anschauen und nach Gemeinsamkeiten suchen. Da die Karten alle die gleichen Symbole zeigen, aber alle insofern verschieden sind, als dass sie unterschiedlich viele dieser Symbole beinhalten, wird das Kind suchen, ob es auf den Bildern etwas findet, was eine Gemeinsamkeit mit den Karten hat, und so auf die unterschiedlichen Anzahlen aufmerksam werden. Es wird dann jeweils vergleichen, wo wie viel zu sehen ist, und die passenden Bilder und Karten einander zuordnen. Auf diese Art wird das Kind in seinem abstrakten Denken gefördert.

Altersempfehlung

Mit diesem Aktionstablett können Kinder im Alter von vier bis sechs Jahren bereits vor der Schule an das Zählen herangeführt werden.

Zählen lernen

Bestandteile

- viele kleine Objekte
- zehn kleinere Behälter
- ein größerer Behälter
- Papier

Vorgehen und Zielsetzung

Durch diese Übung soll Ihr Kind auf anschauliche Art das Zählen lernen.

Sie benötigen dafür mittelgroße bis kleine Objekte, die aber gut zählbar sind. Zum Beispiel können Sie Murmeln, Steine, Kastanien, Tischtennisbälle oder Knöpfe verwenden. Diese legen Sie in den größeren Behälter und stellen diesen auf das Tablett. In die kleineren Behälter legen Sie je ein Papierstück oder Kärtchen, auf dem gut erkennbar zum einen jeweils eine geschriebene Zahl zu sehen ist, zum anderen jeweils die entsprechende Anzahl an Kreisen. Auf einem Zettel mit der Zahl 9 sind also auch neun Kreise zu erkennen, welche als Block geordnet zusammenstehen sollten (also zum Beispiel drei Reihen zu je drei Kreisen unter- bzw.

nebeneinander). Für die Beschriftung der Kärtchen ist es schön, wenn Sie farbige Stifte oder farbiges Papier verwenden. Die zehn Behälter mit den unterschiedlichen Zahlenkärtchen stellen Sie nun ebenfalls auf das Tablett.

Das Kind hat die Aufgabe, den Zahlen die jeweils entsprechende Anzahl an Objekten zuzuordnen, also zum Beispiel in den Behälter mit der 9 auch neun Kastanien zu legen. Wichtig ist deshalb, dass die Gesamtzahl der Objekte mit der Gesamtsumme der Zahlen übereinstimmt, damit das Kind ggf. einen Fehler selbst erkennen kann. Vielleicht muss es sich noch an der Anzahl der Kreise orientieren, jedoch nimmt es bei dem Vorgang immer auch die geschriebene Zahl wahr und insofern verknüpft sein Gehirn die sichtbare und fühlbare Anzahl der Objekte mit der geschriebenen Zahl, sodass sich diese in seine Erinnerung einprägt. Um zu sehen, ob dies schon während dieser ersten Übung passiert bzw. um die Schwierigkeit zu erhöhen, können Sie auf ein oder zwei Kärtchen auch nur eine Zahl (also ohne Kreise) schreiben. Diese Zahl muss allerdings schon in dieser Übung vorgekommen sein. Das wird das Kind zunächst vielleicht irritieren, aber dadurch befasst es sich noch intensiver mit der Problemstellung, schaut nochmals auf die anderen Kärtchen und kombiniert logisch, welche Anzahl die betreffende Zahl bedeutet. Auf diese Art werden seine Konzentration und sein aktives Denken noch mehr gefördert.

Altersempfehlung

Diese Aufgabe ist für Kinder der Vorschule sowie der ersten Klasse geeignet.

Zahlen-Klammern

Bestandteile

- zehn Wäscheklammern
- zehn Karten
- zehn Pappstückchen

Vorgehen und Zielsetzung

Zur Vorbereitung dieser Aufgabe schreiben Sie auf zehn kleine Pappstücke je eine beliebige Zahl aus dem Zahlenraum, in dem Ihr Kind schon zählen kann. Diese Pappstückchen kleben Sie dann am hinteren Teil an die Wäscheklammern. Auf die zehn Karten, die das Format DIN A6 haben sollten, malen Sie Kreise oder eine andere Form, wie zum Beispiel Herzen (wichtig ist nur, dass Sie keine unterschiedlichen Formen verwenden), in den entsprechenden Anzahlen der Nummern, die Sie an die Wäscheklammern geklebt haben. Entsprechend zu der Zahl 10 zeichnen Sie also zum Beispiel zehn Kreise auf eine Karte.

Sie können für die Beschriftung der Wäscheklammern und für das Zeichnen der Markierungen auf den Karten einen farbigen Stift benutzen, jedoch keine unterschiedlichen Farben, da dies die Übung entweder zu leicht machen würde (wenn eine Wäscheklammer und eine Karte die gleiche Farbe hätten) oder zu Verwirrung führen würde (wenn die gleiche Farbe für Karten und Klammern verwendet wird, die nicht zusammengehören). Aus diesem Grund sollten Sie auch neutrale Wäscheklammern, entweder aus Holz oder alle in der gleichen Farbe, einsetzen. Die Karten verteilen Sie – nicht nach der Größe der Zahlen geordnet – auf dem Tablett und legen die Wäscheklammern untereinander an den rechten oder linken inneren Rand des Tabletts.

Das Kind muss bei dieser Übung erkennen, welche Nummer welche Anzahl bedeutet. Es geht also um die Entwicklung vom anschaulichen Denken (mit einer Anzahl von Gegenständen oder hier Markierungen) hin zu der Fähigkeit, zu abstrahieren, dass eine geschriebene Zahl für eine bestimmte Menge einer Sache steht. Um dieses Aktionstablett anwenden zu können, muss Ihr Kind zuvor allerdings schon die Zahlen gelernt haben, zum Beispiel auch mit dem vorhergehend beschriebenen Tablett.

Im Laufe dieser Übung soll das Kind die Wäscheklammern mit den Nummern an die Karten klemmen, auf denen die jeweils entsprechende Anzahl an Kreisen, Herzen o. Ä. zu sehen ist. Seine mathematischen Grundvoraussetzungen werden somit gestärkt und sein abstraktes Denken wird gefördert. Gleichzeitig prägt sich das Zahlenverständnis durch das aktive Anfassen und Bewegen der Zahlen tiefer ein als bei den normalen schulischen Übungen und nebenbei wird durch das Befestigen der Klammern an den Kärtchen noch die Feinmotorik verbessert.

Altersempfehlung

Dieses Tablett ist für Kinder der ersten Klasse, bei Schwierigkeiten auf diesem Gebiet auch noch für Kinder der zweiten Klasse, geeignet.

Nummerierte Steine

Bestandteile

- 100 weiße Kieselsteine
- drei offene Behälter
- ein weicher Bleistift
- ein Radiergummi
- evtl. Sand

Vorgehen und Zielsetzung

Das Ziel dieses Tabletts ist es, dass Ihr Kind die Zahlen im Zahlenraum von 1 bis 100 sicher beherrscht.

Zur Vorbereitung schreiben Sie mit einem Permanentmarker 70 der Zahlen zwischen 1 und 100 auf weiße Kieselsteine, welche Sie zum Beispiel im Baumarkt kaufen können. 70 der Steine bekommen also je eine

Nummer, wobei Sie nicht die Zahlen von 1 bis 70 verwenden, sondern hin und wieder eine oder mehrere Zahlen auslassen. Sie nummerieren also zum Beispiel von 1 bis 5, dann lassen Sie die 6 aus, machen weiter von 7 bis 15, lassen die 16 und 17 aus, machen weiter mit 18 bis 21 und so weiter.

Die nummerierten Steine im Zahlenraum bis 10 legen Sie in einen der Behälter, wobei der Stein mit der 1 obenauf gut sichtbar sein sollte. Die restlichen nummerierten Steine legen Sie in einen anderen Behälter und die 30 nicht nummerierten Steine in den dritten Behälter. Alle drei Behälter stellen Sie auf das Tablett; den Bleistift und den Radiergummi legen Sie neben den Behälter, in dem sich die nicht nummerierten Steine befinden. Es ist wichtig, einen weichen Bleistift (2B oder 4B) zu verwenden, da ein härterer nicht gut auf einem Stein schreiben würde. Zur Verschönerung, aber auch, damit die Steine nachher besser auf dem Tablett liegen, können Sie zuvor eine dicke Sandschicht auf den Tablettboden streuen.

Die Aufgabe des Kindes ist es nun, die nummerierten Steine in der richtigen Reihenfolge auf das Tablett zu legen – das denkt es zumindest zunächst. Es beginnt, die Steine aus dem Behälter, in dem die 1 obenauf liegt, heraus zu sammeln und auf dem Tablett aufzureihen. Dabei wird ihm auffallen, dass eine oder mehrere Zahlen fehlen. Daraufhin wird es vielleicht in dem anderen Behälter suchen, ob es diese dort sieht, aber dabei nicht fündig werden. Spätestens danach wird ihm auffallen, dass da noch ein Behälter mit unbeschriebenen Steinen steht, neben dem ein Stift liegt. Daraus wird es schlussfolgern, dass es die fehlenden Zahlen selbst auf Steine schreiben und diese zwischen die anderen Steine legen soll. Hat das Kind diesen Schritt im Zahlenraum bis 10 erledigt, nimmt es nach und nach die Steine aus dem Behälter, in dem sich die restlichen Zahlen befinden.

Handelt das Kind bedacht, legt es erst alle beschrifteten Steine auf das Tablett und ordnet sie, um dann zu schauen, welche Zahlen fehlen, und ergänzt diese. Es kann aber auch sein, dass das Kind voreilig Steine beschriftet, ohne bereits alle nummerierten Steine aus dem Behälter geholt zu haben. Dann wird es im weiteren Verlauf bemerken, dass Zahlen, die es selbst geschrieben hat, schon vorhanden waren, aber andere fehlen, und so muss es dann ggf. auf einem Stein eine Nummer wegradieren und eine andere darauf schreiben. Da dies mühselig ist, stellt sich eventuell der Nebeneffekt ein, dass das Kind durch diese Erfahrung in Zukunft überlegter handelt.

Altersempfehlung

Diese Aufgabe ist für Kinder der zweiten Klasse geeignet; ggf. können Sie sie auch am Ende der ersten Klasse schon verwenden.

Mit Geld rechnen

Bestandteile

- Zeichenkarton
- Spielgeld
- eine Schüssel

Vorgehen und Zielsetzung

Für dieses Aktionstablett zeichnen oder kleben Sie Bilder von Sachen, die man in einem Laden kaufen kann, auf den Zeichenkarton, den Sie für das Tablett passend zuschneiden. Die Bilder sollten jeweils eine Größe von ca. 7 x 10 cm haben und voneinander durch Rahmenlinien oder Zwischenräume sichtbar abgetrennt sein. Außerdem sollten Sie farbig gestaltet sein. Auf jedes Bild schreiben Sie dann gut erkennbar einen Preis, den die Sache realistischerweise haben könnte, wobei dieser sich aus Euros und Cents zusammensetzen sollte (also zum Beispiel 14,95 Euro für ein T-Shirt).

Auf das Tablett stellen Sie dann eine Schüssel mit Spielgeld. Wie viel von welcher Sorte Geld darin insgesamt sein muss, rechnen Sie bitte vorher aus. In der Schüssel sollte genauso viel Spielgeld sein, wie die Summe der Preise ist (keinesfalls aber weniger). Es sollten eine Vielzahl verschiedener Münzen und nur ein paar Scheine vorhanden sein, da das Ziel der Aufgabe in erster Linie ist, dass das Kind lernt, mit Kleingeld zu rechnen. Dies schult nicht nur seine Rechenkompetenz, sondern auch seine Konzentration und bereitet es auf die reale Situation, im Laden etwas bezahlen zu müssen, vor.

Um die Aufgabe zu bearbeiten, sucht das Kind die Münzen und Scheine aus der Schüssel heraus, die es zur Bezahlung der jeweiligen Sache benötigt, und legt sie auf das entsprechende Bild. Bei großen Beträgen wird es eher große Münzen oder ggf. Scheine nehmen, allerdings besteht auch der Reiz, am Anfang ebenfalls für kleinere Beträge möglichst wenige, also größere Münzen einzusetzen, um wenig rechnen zu müssen. Dann wird die Aufgabe im Laufe der Bearbeitung immer schwerer, weil ggf. größere Beträge mit immer mehr kleineren Münzen errechnet werden müssen. Vielleicht korrigiert das Kind dann seinen vorherigen Einsatz, nimmt größere Münzen bei einer Sache wieder weg und ersetzt sie durch kleinere.

Altersempfehlung

Das Tablett ist für Kinder ab der zweiten Klasse geeignet.

Längen messen

Bestandteile

- zehn unterschiedlich lange Objekte
- Zeichenkarton
- ein Behälter

Vorgehen und Zielsetzung

Zur Vorbereitung dieser Aufgabe suchen Sie aus dem Haushalt und aus den Sachen Ihres Kindes zehn längliche Objekte, wie zum Beispiel einen Löffel, eine Zahnbürste, einen Stift, ein Radiergummi etc., heraus, wobei die Gegenstände alle unterschiedlich lang sein müssen. Messen Sie dann die Längen der Objekte genau ab und zeichnen Sie mithilfe eines Lineals Linien in den entsprechenden Längen auf den Zeichenkarton, den Sie zuvor auf die Größe des Tabletts zugeschnitten haben. Die Linien sollten nicht alle nebeneinanderliegen, da dies langweilig wirken würde, sondern frei über das Tablett verteilt sein, wobei Sie senkrecht, waagerecht und in verschiedenen Schrägstellungen zeichnen können. Auch sollten Sie zum Zeichnen farbige Stifte verwenden (wenn möglich, für jede Linie eine eigene Farbe), da auch dies die Aufgabe für das Kind spannender aussehen lässt. An jede Linie müssen Sie außerdem noch die Länge in Zentimetern und ggf. auch in Millimetern schreiben. Legen Sie dann alle Objekte in einen Behälter und stellen Sie diesen in die Mitte des Tabletts.

Wenn das Kind die Linien mit den Maßangaben sowie den Behälter mit den unterschiedlichen Gegenständen sieht, wird es anfangen, die Gegenstände herauszunehmen, und ausprobieren, an welche Linie welcher Gegenstand passt. Hat es eine Übereinstimmung herausgefunden, lässt es das Objekt an der Linie liegen. Die geschriebenen Maße nimmt es dabei zur Kenntnis, vielleicht wird es sie sogar aktiv und interessiert lesen.

Diese Übung dient zum einen dem Training der Wahrnehmung, da das Kind die Objekte und die Linien vergleichen muss, und zum anderen auch der Abstraktionsfähigkeit, weil eine Linie und ein Gegenstand gleichgesetzt werden müssen. Außerdem trägt sie zur bewussten oder unbewussten Verinnerlichung der Längenmaße bei, sodass das Kind in Zukunft besser abschätzen kann, wie groß etwas ist, und eine Basis für dieses Thema im Matheunterricht gewinnt.

Altersempfehlung

Diese Aufgabe eignet sich für Schüler der ersten und zweiten Klasse.

Malaufgaben anheften

Bestandteile

- 20 Wäscheklammern in zwei Farben
- Pappstückchen
- zehn Karten

Vorgehen und Zielsetzung

Mit diesem Aktionstablett soll Ihr Kind auf einem Gebiet gefördert werden, das vielen Schülerinnen und Schülern schwerfällt: dem kleinen Einmaleins.

Bereiten Sie diese Übung vor, indem Sie an zehn Wäscheklammern Malaufgaben aus dem kleinen Einmaleins ankleben. Diese Aufgaben schreiben Sie zuvor auf kleine Abschnitte aus starkem Papier oder aus Pappe. Außerdem schreiben Sie die Ergebnisse der Aufgaben auf weitere Pappstückchen und kleben diese an die anderen zehn Wäscheklammern. Die Klammern mit den Aufgaben sollten alle eine Farbe und die Klammern mit den Ergebnissen eine andere Farbe haben, denn so wird es übersichtlicher.

Auf zehn Karten im Format DIN A6 schreiben Sie dann nicht die Ergebnisse als Zahlen, sondern Sie zeichnen sie als Symbole auf. Die Form der Symbole können Sie frei wählen, zum Beispiel Kreise, Herzen oder Smileys, aber Sie dürfen auf einer Karte immer nur eine Sorte verwenden. Die Formen müssen dann entsprechend der jeweils zugehörigen Malaufgabe in Blocks geordnet werden. Haben Sie also zum Beispiel die Aufgabe

4·6, so zeichnen Sie nicht einfach 24 Kreise auf die Karte, sondern veranschaulichen die Aufgabe, indem Sie viermal einen Block mit sechs Kreisen zeichnen und zwischen den Blocks immer einen erkennbaren Zwischenraum lassen. Legen Sie die Karten dann so auf das Tablett, dass sie alle sichtbar sind. Die Wäscheklammern mit den Aufgaben legen Sie dann an den linken und jene mit den Ergebnissen an den rechten inneren Rand des Tabletts.

Sodann ist es die Aufgabe des Kindes, die Wäscheklammern mit den Malaufgaben sowie auch die mit den Ergebniszahlen an die Karten zu klemmen. Die Ergebniszahlen wird es leicht zuordnen können, wenn es die Anzahl der Markierungen auf den Karten zählt. Auch das Zuordnen der Malaufgaben wird durch die Markierungen erleichtert, da Sie ja so gezeichnet haben, dass die Aufgaben optisch veranschaulicht werden. Das Kind erkennt also bei genauerem Hinsehen, dass auf einer Karte zum Beispiel zwei Blocks mit je neun Smileys sind. Dann kombiniert es dieses Bild, zweimal neun, zu der Aufgabe 2·9 und kann die entsprechende Wäscheklammer an die Karte klemmen. Da es auch die Klammer mit der Ergebniszahl angeklemmt hat, prägt sich diese ebenfalls in Verbindung mit der Aufgabe und der optischen Veranschaulichung in sein Gedächtnis ein, sodass es, wenn es im Matheunterricht die Aufgabe 2·9 lösen muss, wissen wird, dass das Ergebnis 18 ist.

Altersempfehlung

Dieses Tablett richtet sich an Kinder der zweiten Klasse, die das kleine Einmaleins lernen, ist jedoch auch für Dritt- und Viertklässler, die hierin noch nicht sicher sind, geeignet.

Mathe-Karten

Bestandteile

- zehn Kärtchen
- zehn kleinere Behälter
- ein größerer Behälter
- eine Vielzahl gleichartiger Objekte

Vorgehen und Zielsetzung

Dieses Tablett ist als reines Rechentraining gedacht, selbstverständlich erfordert es aber auch Konzentration.

Sie benötigen dafür zehn Kärtchen, ungefähr in der Größe von Visitenkarten; auf jedes davon schreiben Sie eine Rechenaufgabe. Es kann sich dabei sowohl um Addition oder Subtraktion als auch um Multiplikation oder Division handeln. Die Rechenarten können abwechselnd, also je eine pro Kärtchen, oder auch innerhalb einer Aufgabe vermischt vorkommen (z. B. 2·4+3). Natürlich können Sie auch nur eine der Rechenarten verwenden. Bei der Wahl der Aufgaben kommt es darauf an, welche Rechenarten und -regeln Ihr Kind schon beherrscht bzw. beherrschen müsste und wie leicht oder schwer diese für es sind.

Die Ergebnisse soll das Kind dann nicht schreiben, sondern entsprechend viele Objekte greifen, welche Sie ihm in einem großen Behälter in der Mitte des Tabletts zur Verfügung stellen, und diese pro Aufgabe in einen der kleinen Behälter legen, welche Sie ebenfalls auf dem Tablett bereitgestellt haben. Dieses Vorgehen dient dazu, dass die Ergebnisse veranschaulicht werden und sich das Kind durch das motorische Handeln intensiver mit der Aufgabe auseinandersetzt, was dazu beiträgt, dass es sich den Rechenweg besser einprägt.

Sie benötigen also eine Vielzahl von kleinen Objekten, die ungefähr gleich aussehen (zum Beispiel Knöpfe, Murmeln, Steine, Nüsse) und deren Gesamtanzahl der Gesamtsumme aller Ergebnisse entsprechen muss. Denn nur dann kann das Kind selbst feststellen, wenn es irgendwo einen

Fehler gemacht hat, nämlich dann, wenn am Ende noch Objekte übrig bleiben oder zu wenige Objekte für das letzte Ergebnis vorhanden sind. Aus praktischen Gründen sollte die Summe der Ergebnisse daher nicht weit über 200 liegen. Dies bedeutet jedoch nicht, dass die Aufgaben leicht sein müssen. Wenn Sie zum Beispiel die Aufgabe 302-299 (oder 60:12, 9·18-130 etc.) stellen, haben Sie ein kleines Ergebnis, aber trotzdem wird die Aufgabe für viele Kinder nicht leicht zu lösen sein.

Je nachdem, wie weit Ihr Kind mit seinen mathematischen Fähigkeiten ist, können Sie also variieren: Addition im kleinen Rahmen, unterer Bereich des kleinen Einmaleins oder speziell eine einzige Reihe von diesem, oder Subtraktion oder Division mit kleinen oder großen Zahlen. Die Aufgabenkärtchen legen Sie als Stapel auf das Tablett, während Sie die Objekte in einer Schüssel o. Ä. daneben stellen. Beides sollte zusammen am linken oder rechten Rand des Tabletts positioniert werden. Auf die restliche Fläche des Tabletts stellen Sie die kleinen Behälter.

Das Kind hebt dann immer eine Aufgabenkarte von oben ab, rechnet und legt die dem Ergebnis entsprechende Anzahl in einen Behälter. Da ihm bei dieser Übung kein Stift zur Verfügung gestellt wird, muss es sich Zwischenergebnisse ggf. im Kopf merken und trainiert insofern das Kopfrechnen für schulische Tests sowie auch seine Konzentration und Merkfähigkeit.

Altersempfehlung

Je nach Aufgabentyp und Höhe der verwendeten Zahlen kann dieses Tablett von der ersten bis zur vierten Klasse eingesetzt werden.

Ergebnisse erreichen

Bestandteile

- 30 Kärtchen
- starkes Papier

Vorgehen und Zielsetzung

Mit dieser Aufgabe können Sie Ihr Kind in Addition und Subtraktion fördern. Entweder verwenden Sie es speziell für eine der beiden Rechenarten oder für beide zusammen. Sie können dabei im Zahlenraum variieren.

Schreiben Sie in großer Schrift auf Zeichenkarton oder starkes Papier eine Zahl zwischen 0 und 100 (bzw. 1000 und 10000, je nachdem, in welchem Zahlenraum Ihr Kind rechnen kann). Für die Addition sollte die Zahl möglichst groß sein, für die Subtraktion möglichst klein und bei der Verwendung beider Rechenarten sollte sie im mittleren Bereich liegen. Schneiden Sie den Bereich um die Zahl dann in runder Form aus und befestigen Sie das Papier mit Fotoeinklebern auf dem Tablett.

Dann überlegen Sie sich 15 verschiedene Aufgaben, durch die sich die Zahl errechnen lässt (für das Ergebnis 90 also zum Beispiel 13+77 oder 81+9). Diese schreiben Sie auf, jedoch schreiben Sie die erste Zahl der Aufgabe immer allein auf ein Kärtchen und die zweite auf ein anderes. Dabei sollten Sie das Rechenzeichen abwechselnd entweder zu der ersten oder zu der zweiten Zahl schreiben (also im obigen Beispiel einmal 13+ auf ein Kärtchen und 77 auf ein anderes, dann 81 auf ein Kärtchen und +9 auf ein anderes), denn so wird es ein bisschen kniffeliger, da nicht ersichtlich ist, ob eine Zahl, bei der kein Rechenzeichen steht, die erste oder die zweite Zahl einer Aufgabe sein soll. Benutzen Sie gern einen farbigen Stift oder farbige Kärtchen, um das Tablett ansprechender aussehen zu lassen. Geben Sie aber allen Zahlen die gleiche Farbe, um keinen Hinweis zu bieten, denn das Kind soll selbstständig rechnen. Verteilen Sie nun alle Kärtchen durcheinander auf dem Tablett.

Das Kind muss sich nun einen Überblick über die ganzen Zahlen verschaffen und dabei auch darauf achten, wo die Rechenzeichen stehen. Es wird wahrscheinlich von den Zahlen ausgehen, hinter denen ein Rechenzeichen steht, und dann unter den Zahlen ohne Rechenzeichen suchen, welche Zahl jeweils passt, um das Ergebnis zu erreichen. Diese Aufgaben lässt es dann zusammen liegen und sortiert die Zahlen ohne Rechenzeichen, die es nicht verwendet hat, aus. Sodann probiert es erneut, welche Zahlen zusammenpassen, und zwar diesmal mit denen ohne Rechenzeichen als Erstes und denen, die das Rechenzeichen vor sich haben, als Zweites. Auch hier legt es dann die passenden Kärtchen zu Aufgaben zusammen.

Die Schwierigkeit ist, dass das Kind im Kopf rechnen muss, was insbesondere in den größeren Zahlenräumen oft mehrere Schritte erfordert. Zum anderen muss es bei gemischten Aufgaben aufpassen, dass es auch das richtige Rechenzeichen beachtet.

Altersempfehlung

Dieses Tablett ist für Kinder geeignet, welche die zweite, dritte oder vierte Klasse besuchen, je nachdem, welcher Zahlenraum verwendet wird.

Aufgaben verbinden

Bestandteile

- 20 Kärtchen in zwei verschiedenen Farben

Vorgehen und Zielsetzung

Bei dieser Aufgabe geht es um Rechentraining, Konzentration und Merkfähigkeit.

Zur Vorbereitung denken Sie sich 20 Rechenaufgaben aus, wobei Sie entweder alle Rechenarten (Addition, Subtraktion, Multiplikation, Division) verwenden können, was dann ein fortgeschrittenes Niveau wäre, oder nur je zwei (z. B. Addition und Subtraktion, Multiplikation und Division, Multiplikation und Addition) oder auch nur eine einzige. Mit den letzteren beiden Varianten können Sie Ihr Kind spezifisch in Problembereichen fördern. Es müssen jeweils zwei Aufgaben das gleiche Ergebnis haben.

Schreiben Sie dann immer eine der beiden Aufgaben auf ein Kärtchen in der einen Farbe und die zugehörige andere Aufgabe auf eines in der anderen Farbe, also zum Beispiel 8·3 auf ein rotes Kärtchen und 16+8 auf ein grünes. Dann legen Sie alle Kärtchen auf das Tablett, wobei Sie entweder die Farben trennen (also zum Beispiel rot links und grün rechts) oder sie durcheinandermischen. Der erste Fall ist leichter, weil es so übersichtlicher ist, und sollte insofern verwendet werden, wenn Ihr Kind Konzentrationsprobleme oder Schwierigkeiten in Mathe hat. Die zweite Art und Weise ist allerdings ein intensiveres Training der Aufmerksamkeit und appelliert nebenbei auch an den Ordnungssinn, da das Kind sich einen Überblick über die verschiedenfarbigen ungeordneten Kärtchen verschaffen muss. Es muss sich also darauf konzentrieren, wenn es zum Beispiel eine Entsprechung für ein rotes Kärtchen sucht, dass es nur bei den grünen Kärtchen suchen darf.

Dies ist nun die Aufgabe: Das Kind soll jeweils die zwei Aufgaben finden, die dasselbe Ergebnis haben, und sie zueinander auf das Tablett legen. Hierfür ist es sinnvoll, das Tablett durch Markierungen mit gezeichneten Linien oder Klebeband in drei Bereiche aufzuteilen: je einen oberen (ggf. linken und rechten) Bereich, wo Sie die Kärtchen hinlegen, und einen unteren Bereich, wo das Kind die Aufgabenpaare zusammenstellen soll.

Altersempfehlung

Diese Übung eignet sich für Kinder der ersten bis vierten Klasse, je nachdem, welche Arten von Aufgaben Sie verwenden.

Rechenschlange

Bestandteile

- Zeichenkarton
- kleine Kärtchen
- ein flacher Behälter

Vorgehen und Zielsetzung

Nachdem Sie den Zeichenkarton, der gern farbig sein kann, auf das Maß des Tabletts gebracht haben, schreiben Sie hierauf eine sog. Rechenschlange mit Lücken an mehreren Stellen. Das bedeutet, dass die Aufgabe nach jedem Ergebnis immer weitergeht, bis sie das ganze Tablett ausfüllt. Am Anfang steht also eine gewöhnliche Aufgabe, deren Ergebnis als erste Zahl der nächsten Aufgabe fungiert usw. Zum Beispiel kann eine Rechenschlange so aussehen: 2+5=7-1=6+3=9·2=18:3=6·10=60-4=56:8=7 usw. Diese „Schlange" kann sich auch bildhaft über das Tablett schlängeln oder sich als Spirale aufrollen, denn so wirkt die Übung einladender für das Kind.

Die Zahlen, die in den Lücken fehlen, müssen aus den vorhandenen Zahlen zu errechnen sein. Es darf also bei der ersten Aufgabe (im Beispiel 2+5) entweder eine Zahl der Aufgabe (2 oder 5) oder das Ergebnis (7) fehlen, da sonst die fehlende Zahl nicht zu erschließen wäre (bzw. es für das Kind zu kompliziert werden würde und Sie das System extrem gut durchdenken müssten). Im weiteren Verlauf könnte dann im Beispiel die 1 oder die 6 fehlen, wobei, wenn die 1 fehlen würde, als Nächstes wieder die 3 fehlen könnte, bei der 6 wäre es die 9. Kurz gesagt: Es darf maximal jede zweite Zahl fehlen. Natürlich könnte man das Ganze auch komplexer gestalten, aber für diese Aktionstablett-Idee wollen wir es bei dieser einfachen Variante belassen, denn für viele Kinder wird es so herausfordernd genug sein.

Das Kind muss nun also aus den vorgegebenen Teilen der Aufgabe kombinieren, welche Zahlen fehlen. Es muss also nicht nur vorwärts, sondern auch rückwärts rechnen bzw. gegenteilige Rechenoperationen vornehmen (wenn am Anfang die 5 fehlt, muss es also 7-2 rechnen). Auf diese Weise lernt es, mit einer Problematik umzugehen, mit der es auch im schulischen Matheunterricht zu tun hat (sog. Platzhalter-Aufgaben). Außerdem lernt es, im Kopf zu rechnen, sich zu konzentrieren und ausdauernd eine Aufgabe zu bewältigen.

Im Unterschied zu den schulischen Aufgaben muss es die fehlenden Zahlen jedoch nicht ganz allein herausfinden, sondern hat als Hilfestellung einen Behälter mit Kärtchen, auf die Sie zuvor je eine der gesuchten Zahlen geschrieben haben. Die Kärtchen müssen von der Größe her in die Lücken passen und der Behälter sollte einen möglichst guten Überblick gewähren, also eher flach und breit sein.

Da diese Herangehensweise an eine solche Aufgabe leichter ist als in der Schule, bereitet sie dem Kind ein positives Erlebnis in Bezug auf die sonst oft als zu schwer empfundenen Aufgaben und nimmt ihm insofern die Scheu davor.

Altersempfehlung

Je nachdem, wie hoch die verwendeten Zahlen sind, eignet sich dieses Tablett für Schulkinder der zweiten bis vierten Klasse.

Rechen-Würfel

Bestandteile

- fünf Würfel
- fünf kleine quadratische Holzstücke
- ein kleiner Behälter
- Zeichenkarton
- Farbstifte

Vorgehen und Zielsetzung

Um dieses Mathematik-Tablett vorzubereiten, schneiden Sie weißen Zeichenkarton auf die Größe des Tabletts zu und denken sich Zahlen in dem Zahlenraum aus, in dem Ihr Kind schon rechnen kann (z. B. 1-100, 1-1000). Diese schreiben Sie, jeweils mit ein paar Zentimetern Rand um sie herum, ohne Reihenfolge auf den Zeichenkarton. Nutzen Sie dabei verschiedene Farben, um die Aufgabe optisch ansprechender zu gestalten, und variieren Sie der Größe und Position der Schrift.

Auf vier quadratische Holzstücke (die Sie zum Beispiel aus Abschnitten eines drei bis fünf Zentimeter dicken Stabes, den Sie in der Modellbauabteilung eines Baumarktes erhalten, zusägen können – gut glatt schleifen!) oder auf entsprechend großen Kärtchen schreiben Sie jeweils ein Rechenzeichen (+ / - / · / :). Auf das fünfte Holzstück bzw. Kärtchen schreiben Sie „·10" (da die Aufgabe sonst im Bereich über 100 zu lang werden würde) und legen alle fünf Holzstücke bzw. Kärtchen auf das Tablett. Auch einen Würfel legen Sie dazu; die anderen vier Würfel legen Sie in einen kleinen Behälter, den Sie ebenfalls dazustellen.

So erkennt das Kind, was es bei dieser Übung tun soll: Die Aufgabe des Kindes ist es, mit den Würfeln entweder Zahlen nach dem Zufallsprinzip zu würfeln oder mit Absicht eine Seite nach oben zu legen, die sinnvoll erscheint. Entscheidet sich das Kind zunächst für das Würfeln, so kann es sein, dass es später doch die Würfel absichtlich dreht, da die Aufgabe natürlich viel schwerer ist, wenn der Zufall mitspielt. Mithilfe der Rechenzeichen und des ·10-Kärtchens soll es die jeweils gewürfelten oder hingelegten Zahlen zu einer Rechenaufgabe verbinden, welche eine der geschriebenen Zahlen als Ergebnis hat.

Auf diese Art lernt das Kind, logisch zu kombinieren, die verschiedenen Rechenarten sinnvoll einzusetzen sowie über mögliche Lösungswege konzentriert nachzudenken. Zudem trainiert es das Kopfrechnen, da es sich die Zwischenschritte merken muss. Allerdings sollten Sie ihm auch einen Stift parat legen, wenn es doch zu schwer wird, sich alles im Kopf zu merken, denn frustrierend soll es ja nicht werden. Außerdem wird es vielleicht, um für sich selbst und für Sie zu dokumentieren, wie es vorgegangen ist, die Aufgaben aufschreiben wollen.

Beim Vorgehen kann das Kind entweder mit einzelnen Würfen je eines Würfels rechnen, es kann aber auch alle Würfel gleichzeitig werfen bzw. legen und dann schauen, wie es diese für eine Aufgabe verwerten kann, oder es kann mehrere Würfel zu einer mehrstelligen Zahl kombinieren, mit der es dann weiterrechnen kann. Das Ergebnis 264 kann also zum Beispiel entweder aus (6+4)·10·2+2·4·4·2, aus 6·5·10-9·4 oder aus 26·10+4 gebildet werden. Die Würfel und Kärtchen bzw. Holzstücke dürfen dabei natürlich mehrfach verwendet werden.

Da es unter Umständen eine längere Zeit dauern kann, bis das Kind eine Aufgabe zu einem Ergebnis aufgestellt hat, wird durch dieses Tablett auch seine Ausdauer und seine Fähigkeit, in schwierigen Situationen nicht aufzugeben, gefördert. Es sollten aber, speziell beim ersten Mal, aus diesem Grund nicht mehr als fünf Ergebniszahlen von Ihnen aufgeschrieben werden. Hier ist es ganz besonders wichtig, das Kind zu loben und zu ermutigen. Auch sind kleine Hinweise erlaubt, um ein vorschnelles Aufgeben zu verhindern und das Kind mit der Aufgabe vertraut zu machen.

Altersempfehlung

Das Tablett eignet sich, je nach Schwierigkeit, für Kinder ab der dritten Klasse.

Bauklotz-Türme

Bestandteile

- Zeichenkarton
- würfelförmige Bauklötze in vier Farben
- vier Behälter

Vorgehen und Zielsetzung

Bei dieser Übung soll es um die Förderung des räumlichen Verständnisses des Kindes gehen. Das Ziel ist, dass das Kind die Bauklötze nach Vorgaben über- und nebeneinanderlegt.

Zeichnen Sie dafür Markierungen für die Grundfläche der Konstruktionen auf den Zeichenkarton, wobei eine Konstruktion sich immer aus mehreren Reihen von Bauklötzen zusammensetzt. Für eine Konstruktion mit der Grundfläche von 2 x 4 Klötzen zeichnen Sie also zwei Reihen von je vier Quadraten (den Maßen der Bauklötze entsprechend) direkt aneinander (also so, dass sie sich jeweils eine Linie zwischen ihnen teilen). Auf einem Tablett können mehrere kleine oder eine große Konstruktion sein. Anschließend kolorieren Sie die Quadrate in den vier verschiedenen Farben, welche die Bauklötze haben; im obigen Beispiel wären also beispielsweise in der linken Reihe zwei Bauklötze rot, einer gelb, einer blau und in der rechten Reihe einer grün, zwei blau und einer rot. Im nächsten Schritt schreiben Sie noch verschiedene Zahlen auf alle Quadrate, zum Beispiel auf das linke rote eine 1, auf das rechte grüne eine 3 usw. Dies sind die Anzahlen, zu denen die Bauklötze aufgeschichtet werden sollen. Letztere legen Sie nach Farben geordnet in vier Behälter, die Sie an den oberen Rand des Tabletts stellen.

Das Kind muss sich nun zum einen darauf konzentrieren, wohin es von welcher Farbe welche Anzahl von Bauklötzen legen muss. Zum anderen muss es strukturiert vorgehen, also die Mitte oder den hinteren Teil einer Konstruktion zuerst vervollständigen, da es dort schlecht herankäme, wenn es die Bauklötze zuerst außen oder vorne hinlegen würde.

Außerdem erfordert die Übung Geschicklichkeit, da die Bauklötze eng aneinander aufgeschichtet werden müssen und so leicht umgestoßen werden können.

Das Kind lernt mit dieser Aufgabe, mit geometrischen Anordnungen im Raum umzugehen, und versteht, dass nicht alles, was in einer Figur enthalten ist, von außen sichtbar sein muss. Dies ist eine wertvolle Basis für schulische Aufgaben in diesem Bereich.

Altersempfehlung

Die Übung eignet sich für Kinder der dritten und vierten Klasse.

Formen zusammensetzen

Bestandteile

- Zeichenkarton
- ein Teller

Vorgehen und Zielsetzung

Bei dieser Übung soll das Kind sein Verständnis für geometrische Formen entwickeln.

Zur Vorbereitung zeichnen Sie unterschiedlich große Kreise (mithilfe eines Zirkels) sowie Quadrate, Rechtecke und Dreiecke (mit Hilfe eines Lineals) auf den Zeichenkarton. Zeichnen Sie nur die Umrisse, füllen Sie sie aber nicht aus. Variieren Sie bei den Dreiecken auch mit den Größen der Winkel, sodass Sie unterschiedliche Arten von Dreiecken erhalten. Diese Formen schneiden Sie dann aus und benutzen sie zunächst als Schablonen, um dieselben Zeichnungen noch einmal auf Zeichenkarton zu übertragen. Diesen Bogen schneiden Sie jedoch zuvor auf die Größe des Tabletts zu und legen ihn nach Abschluss des Zeichnens hinein. Die Schablonen zerschneiden Sie jeweils in mehrere Teile, sodass ein Viereck zu zwei bis vier Dreiecken oder zu kleineren Vierecken, ein Dreieck zu zwei kleineren Dreiecken und ein Kreis zu mehreren Tortenstücken wird. Diese Einzelteile legen Sie auf einen Teller und stellen diesen auf das Tablett.

Das Kind muss nun erkennen, aus welchen einzelnen Formen man jeweils eine der gezeichneten Formen zusammensetzen kann, und diese dann angeordnet auf die entsprechende Zeichnung legen. Hierfür muss es genau hinschauen, nachdenken und ausprobieren. Neben seinem Verständnis für das mathematische Thema Geometrie werden also bei dieser Übung auch seine Wahrnehmung und seine Konzentration trainiert. Zudem ist es auch für handwerkliche Arbeiten wichtig, ein gutes Formen- und Größenverständnis zu haben, und durch die Zusammensetzung einer Form aus mehreren Teilen wird bereits das Grundverständnis für spätere mathematische Aufgaben, wie zum Beispiel die Bruchrechnung, aktiviert.

Altersempfehlung

Die Aufgabe kann für Schüler der dritten und vierten Klasse eingesetzt werden.

AKTIONSTABLETTS FÜR KONZENTRATION, AUSDAUER UND MERKFÄHIGKEIT

Sandförmchen erkennen

Bestandteile

- Zeichenkarton
- fünf Sandförmchen

Vorgehen und Zielsetzung

Um dieses Aktionstablett vorzubereiten, zeichnen Sie die Umrisse von fünf verschiedenen Sandförmchen auf farbigen Zeichenkarton in der Größe des Tabletts (oder mit einem Farbstift auf weißen Karton). Legen Sie dieses Bild nun auf das Tablett und verteilen Sie darauf die Sandförmchen, die Sie als Vorlage benutzt haben. Die Förmchen dürfen die Zeichnungen nicht verdecken und sollten auch nicht direkt neben der entsprechenden Zeichnung liegen. Aus diesem Grund ist es sinnvoll, die Sandförmchen an einem Rand des Tabletts zu verteilen. Beim Zeichnen sollten Sie gleich genug freien Platz einplanen, um die Förmchen hinlegen zu können.

Das Kind erkennt wahrscheinlich seine Sandförmchen wieder, wird sich freuen und nach ihnen greifen. Es wird auch die Zeichnungen bemerken und die Formen werden ihm bekannt vorkommen. Der Sinn dieser Aufgabe ist, dass das Kind jedes Förmchen auf den entsprechenden gezeichneten Umriss legt. Hierbei trainiert es seine Wahrnehmung, da es die äußere Form des Sandförmchens in den gezeichneten Umrissen wiedererkennen muss. Dies ist eine Herausforderung, da das Sandförmchen dreidimensional ist, während die Zeichnung nur seine untere äußere Kante zeigt.

Das Kind kann jedoch zum einen durch Ausprobieren, also durch Herumschieben der Förmchen auf dem Papier, sodass sie mal auf der einen, mal auf einer anderen Zeichnung liegen, herausfinden, welche

Zeichnung von welchem Förmchen stammt. Zum anderen hat es ja bereits mit den Sandförmchen im Sand gespielt, wodurch es schon gesehen hat, dass man mit den Förmchen Abdrücke erzeugen kann. Der Abdruck des Förmchens mit Sand ist dabei schon eine Abstraktion des Originals, da die Innenseite abgedrückt wird, während das Kind sonst nur die Außenseite wahrnimmt und alle Formen dann nicht mehr die Farbe des Originals haben, sondern sandfarben sind. Zudem wird beim Aufdrücken der Form auf den Sand oft ein tieferer Abdruck des Randes des Sandförmchens in den Untergrund gepresst. Letzteres entspricht (mit leichter Abweichung der Größe) den Zeichnungen auf Ihrem Tablett.

Durch diese Vertrautheit und die naturgegebene Fähigkeit, zu lernen, wird das Kind erkennen, welches Förmchen auf welche Zeichnung gelegt werden muss. Die eine oder andere Form wird es auf dem Weg dahin sicher mehrfach drehen, bis sie so herum liegt, dass sie auf die Zeichnung passt. Hierbei entwickelt es nicht nur seine Wahrnehmung, Konzentration und Merkfähigkeit, sondern auch seine motorischen Fähigkeiten.

Altersempfehlung

Dieses Tablett ist eine gute Übung für ein- bis dreijährige Kinder.

Foto-Puzzle

Bestandteile

- mindestens vier Fotos
- ein Behälter

Vorgehen und Zielsetzung

Um dieses Aktionstablett vorzubereiten, schneiden Sie mindestens vier Fotos in kleine, aber noch gut erkennbare Stücke. Am sinnvollsten ist es, wenn Sie nur Fotos mit Motiven ein- und derselben Kategorie verwenden, also zum Beispiel nur Personen, nur Tiere, nur Autos oder nur Landschaften, denn dann ist es eine größere Herausforderung für das Kind, dieses Puzzle zu lösen. Alle Teile legen Sie gut vermischt in einen offenen Behälter, den Sie in die Mitte des Tabletts stellen.

Sie können zuvor zwei Stücke eines Fotos herausnehmen und diese zusammen auf das Tablett legen, um dem Kind einen Hinweis zu geben, dass es bei dieser Übung Fotos zusammensetzen soll; es wird dann zunächst denken, dass alle Teile zu einem einzigen Foto gehören, und versuchen, dieses zusammenzubauen, bis es merkt, dass die Stücke nicht zueinander passen. Dann wird es beginnen, Gemeinsamkeiten zu suchen, um die Teile in Gruppen zu sortieren und dann die einzelnen Fotos zusammenzusetzen, wobei es wiederum darauf achten muss, an welche Stelle und wie herum die einzelnen Teile gehören. Es sind also mehrere Erkenntnis- und Handlungsschritte, die das Kind vollziehen muss und bei denen somit die Ausdauer, die Wahrnehmung und die Konzentration gefragt sind.

Sie können die Übung schwerer oder einfacher gestalten, je nachdem, wie weit Ihr Kind entwickelt ist. Für eine leichte Variante wählen Sie vier Fotos, die deutliche Unterschiede aufweisen (also zum Beispiel ein Huhn, ein Pferd, ein Fisch und eine Maus oder Autos in vier verschiedenen Farben). Je mehr Fotos Sie verwenden und/oder je ähnlicher diese sich sind, desto schwieriger ist es, zu erkennen, was zusammengehört.

Eine besonders schwere Variante wäre zum Beispiel, diverse Pferde in Frontalansicht zu wählen oder ein- und denselben Gegenstand aus leicht unterschiedlichen Perspektiven zu fotografieren.

Altersempfehlung

Mit diesem Tablett können Kinder ab drei Jahren arbeiten, wenn Sie eine leichte Variante verwenden; die schwerste Variante ist hingegen noch für Zehnjährige eine kniffelige Aufgabe.

Farbfolgen nachbauen

Bestandteile

- Legosteine in fünf verschiedenen Farben
- Buntpapier oder Farbstifte
- ein Behälter

Vorgehen und Zielsetzung

Zur Vorbereitung der Aufgabe malen Sie mit Farbstiften auf weiße Papierabschnitte Farbfolgen aus kleinen Rechtecken oder Sie kleben diese aus Stücken von verschiedenfarbigem Buntpapier auf. Hierbei gibt es unterschiedliche Schwierigkeitsstufen: Von einer Farbfolge, bei der jede Farbe nur einmal vorkommt, bis zu zehn Farbfolgen, bei denen innerhalb einer die Farben mehrfach verwendet werden (und die demzufolge auch länger sind). Wozu Ihr Kind in der Lage ist, müssen Sie selbst einschätzen – tendenziell gilt natürlich: Je älter das Kind ist, desto schwieriger kann die Aufgabe sein. Die Muster legen oder kleben Sie auf das Tablett und stellen einen offenen Behälter mit ausreichend Legosteinen in allen Farben, die Sie in den Mustern verwendet haben, dazu.

Das Kind hat die Aufgabe, zu erkennen, welche Farben aufeinanderfolgen, also immer den Legostein der im Muster vorgegebenen Farbe herauszusuchen und auf den zuvor verwendeten zu stecken. Gibt das Muster also die Farbfolge rot - blau - gelb - blau - grün - grau - gelb vor, muss das Kind sich entscheiden, von welcher Seite es zu bauen anfängt (hier rot oder gelb), und dann immer die nächste folgende Farbe heraussuchen und aufstecken. Es kann allerdings auch in der Mitte bzw. an einer beliebigen Stelle anfangen und von dort nach beiden Seiten hin aufbauen.

In dieser Hinsicht trainiert das Kind an diesem Tablett, eine eigene Strategie zu entwickeln. Bei dieser Übung wird darüber hinaus zum einen die Wahrnehmung geschult, da die Muster erkannt und reproduziert werden müssen. Ein weiterer Effekt ist aber auch, dass das Kind lernt, sich zu konzentrieren, denn es muss nicht nur die zweidimensionale Vorgabe in ein dreidimensionales Modell umsetzen, sondern auch ausdauernd bei der Sache bleiben, um mit den Farben nicht durcheinanderzukommen.

Altersempfehlung

Dieses Tablett kann für Kinder ab drei Jahren eingesetzt werden und ist je nach Schwierigkeitsstufe für Kinder mit einem Alter von bis zu zehn Jahren interessant und lehrreich.

Natur erkennen

Bestandteile

- fünf bis zehn Objekte aus der Natur
- entsprechende Bilder
- ein Teller

Vorgehen und Zielsetzung

Sammeln Sie, gern auch mit Ihrem Kind zusammen, bei Spaziergängen verschiedene Bestandteile der Natur, wie zum Beispiel ein Gänseblümchen, einen Stein, einen Zweig, einen Tannenzapfen oder eine Kastanie. Suchen Sie dann entweder im Internet jeweils ein Bild, welches zu den gesammelten Dingen passt, oder zeichnen Sie es. Wichtig ist, dass die Objekte eindeutig zu identifizieren sind. Die Bilder legen oder kleben Sie dann auf das Tablett (beim Kleben empfiehlt es sich, sie auf einem Papier zu befestigen und dieses dann auf das Tablett zu legen, um Letzteres nach dieser Übung noch weiterverwenden zu können). Die gesammelten Objekte legen Sie am besten auf einen Teller, sodass das Kind sie alle sehen kann und sie nicht kaputtgehen. Den Teller stellen Sie in eine Ecke des Tabletts, sodass kein Bild verdeckt ist.

Die Aufgabe des Kindes ist hier, den Bildern die echten Gegenstände zuzuordnen, sie also von dem Teller zu nehmen und zum passenden Bild zu legen. Hierbei wird seine Wahrnehmung geschult, da es die zweidimensionale Veranschaulichung mit dem dreidimensionalen realen Objekt vergleichen und erkennen muss, dass es sich um die gleiche Sache handelt. Gleichzeitig trägt das Zuordnen dazu bei, ein strukturiertes Denken zu entwickeln.

Wenn man, wie oben beschrieben, ganz unterschiedliche Objekte verwendet, dann ist diese Übung relativ leicht. Nehmen Sie jedoch verschiedene Varianten des gleichen Objektes, wie zum Beispiel Blumen in unterschiedlichen Stadien ihrer Blüte oder Blätter von verschiedenen Baumarten, dann erhöhen Sie den Anspruch, denn das Kind benötigt in diesem Fall weit mehr Konzentration, um die sich ggf. sehr ähnlichen Formen zu identifizieren. Dieses Tablett trägt gleichzeitig auch dazu bei, dass das Kind sich mit der Natur beschäftigt und ihre Schönheit erkennt.

Altersempfehlung

Diese Aufgabe eignet sich für Kinder ab drei Jahren, ist aber durchaus auch noch für ältere Kinder interessant.

Deckel zuordnen

Bestandteile

- mehrere verschiedene Gefäße und ihre passenden Deckel
- evtl. ein Behälter

Vorgehen und Zielsetzung

Sammeln Sie Gefäße von Aufstrichen und Getränken, zum Beispiel Honig-, Marmeladen-, Schokocreme- und Erdnussbuttergläser oder Wasser- und Saftflaschen bis zu einer Größe von einem Liter, mit den dazugehörigen Schraubverschlüssen. Alle Gefäße sollten frei von Resten sein, um die Hygiene zu wahren, und außerdem sollten die Etiketten entfernt werden, um die Schwierigkeit zu erhöhen.

Aus diesem Altglas bzw. Leergut kreieren Sie ein Aktionstablett, welches gleichzeitig die Wahrnehmung, den Ordnungssinn und die Geschicklichkeit Ihres Kindes trainiert. Für den Aufbau der Übung werden mehrere Gefäße (mindestens fünf) ohne ihre Deckel auf das Tablett gestellt. Die dazugehörigen Schraubverschlüsse legen Sie als ungeordneten Haufen oder in einer Schüssel ebenfalls auf das Tablett.

Das Kind hat die Aufgabe, für jedes Gefäß den passenden Deckel zu finden und es damit zu verschließen. Die Schwierigkeit lässt sich zum einen steigern, indem Sie eine höhere Anzahl an Gefäßen (plus Deckel) verwenden, Sie können die Aufgabe aber auch erschweren, wenn Sie mehr Deckel als Gefäße zur Verfügung stellen. Generell gilt: Je ähnlicher die Gefäße sich sind, desto schwieriger ist es für das Kind, die Deckel richtig zuzuordnen. Wenn Sie eine Gefäß-Art und seinen Deckel doppelt unterbringen, appellieren Sie zudem an die Merkfähigkeit des Kindes, weil es sich dann erinnern kann, auf welche Flasche bzw. auf welches Glas der gleiche Deckel schon einmal gepasst hat.

Das Kind löst die Aufgabe einerseits durch Augenmaß, da es erkennt, dass zum Beispiel ein Honigglasdeckel viel zu breit für eine Wasserflasche ist, und andererseits durch Experimentieren, indem es bei ähnlichen Gefäßen ähnlich große Deckel ausprobiert, die aber vielleicht nicht auf Anhieb passen. Zudem wird es sich vielleicht an einige Gefäße und ihre Verschlüsse erinnern, da es diese ja vom Frühstücks- oder Abendbrottisch kennt.

Altersempfehlung

Dieses Tablett ist für Kinder ab vier Jahren geeignet.

Von klein bis groß

Bestandteile

- mindestens zehn unterschiedlich große Gegenstände

Vorgehen und Zielsetzung

Für dieses Tablett benötigen Sie Gegenstände gleicher Art in unterschiedlichen Größen. Die Farbe spielt jedoch keine Rolle; vielmehr ist es auch die Aufgabe des Kindes, zu überblicken, dass es hier nicht um eine Sortierung nach Farben oder mehreren Merkmalen geht, sondern um eine Ordnung nach Größen. Dies wird eindeutig, wenn jede Größe nur einmal vorhanden ist, denn dann gibt es keine Möglichkeit, nach zwei Kriterien zu sortieren.

Als Gegenstände eignen sich zum Beispiel Teller, Schüsseln, Tupperdosen (ohne Deckel), Blumentöpfe, Untersetzer, Bücher oder Notizblöcke, da man diese aufeinander oder ineinander stapeln kann und leicht eine Vielzahl der gleichen Sache in unterschiedlichen Größen zusammenzustellen ist. Auch andere Dinge, wie zum Beispiel Steine, Spielzeugfiguren oder Stifte sind aber natürlich denkbar. Hier müsste das Kind die Objekte dann nebeneinanderlegen und könnte entscheiden, ob es mit dem kleinsten oder mit dem größten anfängt. Auch braucht das Kind für solche Objekte mehr Konzentration, da die Größenunterschiede manchmal vielleicht nicht gleich erkennbar sind, sondern einen mehrfachen kritischen Vergleich erfordern.

In dem Fall, dass Sie Teller, Schüsseln o. Ä. verwenden, besteht allerdings das weitere Kriterium der Stapelbarkeit, welches zusätzlich von dem Kind erkannt werden muss. Außerdem ist es hier nicht so leicht, einen Fehler zu korrigieren, denn wenn das Kind bemerkt, dass es ein Objekt an der falschen Stelle einordnen will (also zum Beispiel eine größere Tupperdose in eine kleinere zu stecken versucht), dann muss es den Turm wieder auseinanderbauen, um die Stelle zu finden, an der das Objekt fehlt, um es dort einzusetzen. Dies kann natürlich auch mehrfach passieren.

Letztere Herangehensweise erfordert insofern mehr Ausdauer als erstere. Generell fördert diese Übung die Wahrnehmung durch das Erkennen von Größen sowie die Aufmerksamkeit und im Falle des Stapelns auch die Motorik.

Altersempfehlung

Dieses Tablett eignet sich für sechs- bis achtjährige Kinder.

Büroklammern zählen

Bestandteile

- 50-100 Büroklammern in vier verschiedenen Farben
- fünf Papierstreifen
- vier Kärtchen
- ein Stift

Vorgehen und Zielsetzung

Schneiden Sie zur Vorbereitung weiße Papierstreifen zu, und zwar in einer Höhe, in der normale Büroklammern darauf passen, und in einer Breite, in der sie von links nach rechts über das ganze Tablett reichen. Stecken Sie dann in gleichmäßigen Abständen auf jeden der Streifen zehn bis 20 Büroklammern (die Menge variiert je nach Schwierigkeitsgrad und Breite des Tabletts), wobei Sie die verschiedenen Farben abwechselnd einsetzen. Die Farbfolge soll sich jedoch nicht auf gleiche Art wiederholen, sondern unregelmäßig sein. Sie können also zum Beispiel rot - blau - grün - gelb - blau - blau - rot - gelb - rot - grün aufstecken. Am Anfang und am Ende jedes Streifens sollten einige Zentimeter Platz sein, damit Sie die Streifen am Tablett befestigen können, sodass nicht zu Beginn schon alles verrutscht. Nutzen Sie dafür am besten Klebepads, da diese eine gute Klebkraft sowie eine gewisse Dicke haben und so die Büroklammern die Streifen nicht loshebeln können.

Legen Sie die Streifen nun in einem gleichmäßigen Abstand von hinten nach vorne auf das Tablett und befestigen Sie sie. Lassen Sie am vorderen Rand des Tabletts etwas mehr Platz, denn dort sollen vier Kärtchen, jeweils ungefähr im Format einer Visitenkarte, und ein Stift liegen. Schneiden Sie diese Kärtchen aus dickem Papier in den Farben zu, die auch die Büroklammern haben, oder malen Sie weiße Kärtchen entsprechend an.

Mit diesem Tablett wird dem Kind die Aufgabe gestellt, die Büroklammern der verschiedenen Farben zu zählen. Durch den Stift sollte die Aufforderung klar werden, dass es die Anzahl einer Farbe auf das jeweilige Kärtchen in der gleichen Farbe schreiben soll. Eventuell kann es aber auch sein, dass das Kind zunächst beginnt, die Büroklammern von den Streifen zu lösen und auf die Kärtchen zu stecken. Vielleicht korrigiert es dann später noch sein Vorgehen, wenn es ihm zu umständlich wird oder der Platz zu knapp wird; andernfalls bleibt es vielleicht bei diesem Lösungsweg.

Da die Farben abwechselnd in unterschiedlicher Reihenfolge auf die Streifen gesteckt wurden, muss das Kind sich sehr stark konzentrieren, wenn es den Weg wählt, die Klammern direkt, ohne Umstecken, zu zählen. Da es sich wahrscheinlich mehrfach verzählt und wieder von vorne beginnen muss, erfordert die Übung auch Ausdauer und sie fördert die Fähigkeit, bei Fehlern nicht aufzugeben, sondern ggf. die Strategie zu ändern. So kann das Kind den Stift zum Beispiel auch benutzen, um sich am Rand oder unter den Streifen zu notieren, wie viele Klammern in jeder Farbe dort jeweils sind, um am Ende alles zu addieren. Bei diesem Vorgehen wird dann gleichzeitig noch das Rechnen trainiert.

Altersempfehlung

Diese Übung ist für Kinder von sechs bis zehn Jahren geeignet.

Kugelschreiber zusammenbauen

Bestandteile

- drei bis fünf Kugelschreiber
- ein bis zwei Behälter

Vorgehen und Zielsetzung

Wer kennt es nicht: Man muss die Kugelschreibermine austauschen und zerlegt dabei aus Versehen den ganzen Kugelschreiber in seine Einzelteile. Ihn dann wieder zusammenzubauen, kann kompliziert und nervig sein, für dieses Aktionstablett hingegen ist es nützlich. Hier nehmen Sie allerdings nicht nur einen, sondern – je nach Schwierigkeitsstufe, die Sie Ihrem Kind zutrauen – drei bis fünf Kugelschreiber und zerlegen sie so weit wie möglich. Die Einzelteile mischen Sie durcheinander und legen sie in einen Behälter, den Sie auf das Tablett stellen; Sie können auch, um es etwas einfacher zu gestalten, die größeren und die kleineren Teile voneinander trennen und in zwei unterschiedliche Behälter legen.

Das Kind, welches schon einmal mit einem Kugelschreiber geschrieben oder Sie mit einem schreiben gesehen hat, wird erkennen, um welche Art von Gegenständen es sich handelt. Aus den Einzelteilen wird es schlussfolgern, dass es die Kugelschreiber zusammenbauen soll. Die großen, äußeren Teile ein- und desselben Kugelschreibers wird es problemlos identifizieren können, während ihm bei den kleinen Bestandteilen und dem Innenleben nur das Experimentieren bleibt. Passt ein Teil nicht, probiert es ein anderes Teil der gleichen Art aus, bis es das passende gefunden hat. Bei einigen Teilen weiß es vielleicht zunächst gar nicht, an welcher Stelle diese eingesetzt werden müssen und wie herum sie gehören; auch hier muss es ausprobieren.

Wenn das Kind strukturiert vorgeht, dann baut es erst einen Kugelschreiber, dann den nächsten usw. zusammen, um die Anzahl der Teile zu reduzieren und einen besseren Überblick zu haben; aus letzterem Grund könnte es auch zunächst alle gleichartigen Teile jeweils auf einen Haufen sortieren, um nicht immer wieder neu suchen zu müssen.

Mit dieser Übung werden insofern die Ausdauer und die Konzentration des Kindes geschult, gleichzeitig richtet sie sich aber auch an das logische Denken und an das strukturierte Handeln.

Altersempfehlung

Dieses Aktionstablett eignet sich, je nach Schwierigkeitsstufe, für Kinder von sechs bis zehn Jahren.

Schubladen-Gedächtnis

Bestandteile

- eine Minikommode oder vier bis zehn Streichholzschachteln
- diverse kleine Objekte verschiedener Art

Vorgehen und Zielsetzung

Für dieses Tablett benötigen Sie eine Minikommode, wie es sie zur Aufbewahrung von Schreibtischutensilien oder Kosmetik gibt. Sie sollte vier bis zehn herausziehbare Schubladen haben, je nachdem, wie schwierig die Aufgabe für Ihr Kind sein soll. Lediglich offene Fächer sind nicht geeignet, da dies den Sinn dieser Übung nicht erfüllen würde. Alternativ dazu können Sie aber auch ein kleines Schubladenelement basteln. Hierfür brauchen Sie vier bis zehn große Streichholzschachteln, die Sie neben- und aufeinander kleben (zum Beispiel 2 x 2 oder 2 x 3 übereinander). Eine herausziehbare Seite muss dabei vorne sein. Aus praktischen Gründen sollten Sie an der Vorderseite der „Schubladen" kleine Griffe befestigen. Hierfür verwenden Sie Papier- oder Pappstückchen, die Sie einmal falten und dann die eine Hälfte an der Schublade festkleben; die andere Hälfte steht dann nach vorne ab und dient als Griff.

Außerdem benötigen Sie Objekte verschiedener Art, die von der Größe her jeweils zu mehreren in eine Schublade passen. Zum Beispiel können Sie Knöpfe, Murmeln, Kieselsteine, Nüsse, Büroklammern, Plastikverschlüsse von Flaschen etc. verwenden. Auch können Sie diese Aufgabe mit unterschiedlichen Varianten des gleichen Objektes, also zum Beispiel mit zehn unterschiedlich aussehenden Knopfarten, erstellen. In allen Kategorien müssen jeweils mehrere Objekte vorhanden sein. Alle Objekte aller Kategorien legen Sie zusammen und gut gemischt in eine Schüssel und stellen diese neben die Minikommode auf das Tablett.

Das Kind hat hier nicht nur die Aufgabe, die unterschiedlichen Dinge zu sortieren, also Merkmale zu erkennen und gemäß den Gemeinsamkeiten die Gegenstände in Kategorien einzuordnen. Da es die Objekte in Schubladen legen soll, die von außen alle gleich aussehen, muss es sich auch bei jedem Zuordnungsvorgang erinnern, in welche Schublade es zuvor welche Art von Objekt gelegt hat. Vielleicht wird es dazu neigen, Schubladen offenzulassen, um es sich einfacher zu machen (auch dies wäre eine Problemlösung), doch da die Schubladen auch übereinander angeordnet sind, muss es die oberen schließen, um in die unteren etwas hineinlegen zu können. Es kann sich insofern nicht der Zielsetzung der Aufgabe entziehen.

Dieses Tablett dient nicht in erster Linie der Förderung des Ordnungssinns und der Wahrnehmung, obgleich diese Fähigkeiten auch in Anspruch genommen werden, sondern soll insbesondere die Konzentration und die Merkfähigkeit trainieren.

Altersempfehlung

Die Übung eignet sich für Kinder ab sechs Jahren, bietet aber, je höher die Anzahl der Schubladen ist und je ähnlicher sich die Objekte sind, auch für Ältere eine ambitionierte Aufgabe.

Teile eines Objektes wiedererkennen

Bestandteile

- zehn Objekte
- zehn Fotos

Vorgehen und Zielsetzung

Zur Vorbereitung suchen Sie für dieses Tablett zehn Gegenstände, die das Kind kennt, also zum Beispiel aus seinen Schulsachen, seinen Spielsachen oder dem häuslichen Umfeld. Dann fotografieren Sie diese und überlegen sich, an welchem Teilbereich man die Objekte jeweils erkennen kann, wenn man nur diesen sieht. Bei einer Schere wählen Sie also zum Beispiel den Ansatz der Schneiden, bei einer Spielzeugfigur ein Bein dieser, bei einem Löffel den Stiel, bei einem Klebestift die herausgedrehte Klebe. Es sollte möglichst erst auf den zweiten Blick erkennbar sein, worum es sich handelt. Um die Schwierigkeit zu erhöhen, können auch mehr Objekte auf dem Tablett liegen als die, welche Sie fotografiert haben. Die Teilbereiche schneiden Sie entweder mit einem Bearbeitungsprogramm am Computer aus und drucken sie, wobei die Ausdrucke die Größe eines normalen Fotos haben sollten, oder Sie drucken die Fotos (z. B. am Automaten im Drogeriemarkt) so weit vergrößert, dass auch die Teilbereiche gut erkennbar sind, und schneiden diese aus. Die Fotos legen Sie in Form eines Stapels auf das Tablett, während Sie die Gegenstände über das Tablett verteilen.

Das Kind wird nun entweder von oben den Stapel der Fotos abarbeiten, dann immer das entsprechende Objekt suchen und das betreffende Foto dazulegen. Bereitet ihm die Zuordnung eines Bildes Schwierigkeiten, wird es das Foto ggf. erst einmal beiseitelegen und mit dem nächsten Foto weitermachen. Oder es schaut sich erst alle Fotos an und ordnet zuerst die zu, die es eindeutig zu erkennen meint, und überlegt später länger für die Bilder, mit denen es Probleme hat. Wenn es die letztere Vorgehensweise wählt, ist das eine gute Übung für Tests in der Schule, da es sich dort bewährt hat, zuerst die Aufgaben zu bearbeiten, die man mühelos und schnell lösen kann, um sich schon einmal diese Punkte zu sichern.

Bei der Bearbeitung des Tabletts muss das Kind genau hinschauen, also seine Wahrnehmung schärfen, und konzentriert vergleichen, ggf. auch mehrfach seine Fehler korrigieren, wenn es auf den zweiten oder dritten Blick an seiner ersten Einschätzung zweifelt. Dies ist somit auch eine gute Übung, um zu lernen, dass nicht immer alles so ist, wie man es beim ersten Hinsehen vermutet.

Altersempfehlung

Diese Aufgabe eignet sich für Kinder zwischen sechs und zehn Jahren.

Farbschlangen fortführen

Bestandteile

- eine Vielzahl runder oder viereckiger Holzplättchen in mehreren Farben
- ein offener Behälter
- evtl. Zeichenkarton

Vorgehen und Zielsetzung

Bei dieser Übung geht es darum, eine Farbfolge zu erkennen und im gleichen System fortzusetzen.

Sie benötigen Elemente gleicher Art und Form, die gut auf ein Tablett zu legen sind, also zum Beispiel flache Holzstücke, die an der Oberseite unterschiedliche Farben haben bzw. die Sie in verschiedenen Farben kolorieren. Wie viele Farben Sie einsetzen, bleibt Ihnen bzw. dem Entwicklungsstand Ihres Kindes überlassen. Diese Elemente legen Sie, farblich gut gemischt, in eine Schüssel (oder in einen anderen offenen Behälter).

Auf das Tablett legen Sie den Anfang der Farbschlange, also zum Beispiel gelb - orange - grün - blau - gelb. Wichtig ist, dass das letzte

Element dem ersten gleicht, damit das Kind erkennt, dass sich die Farbfolge wiederholen soll. Die Schwierigkeit steigern können Sie zum einen, indem Sie die Farbfolge verlängern, und zum anderen, indem sich innerhalb der Vorgabe eine oder mehrere Farben wiederholen.

Um das Tablett interessanter zu gestalten, können Sie für die Farbfolge ein Muster auf Zeichenkarton malen, indem Sie in dem Abstand, in dem die Elemente voneinander entfernt liegen sollen, Punkte (oder Kreise oder Vierecke) aufzeichnen, die dann zum Beispiel eine Schlangenlinie oder die Form eines Schneckengehäuses bilden. Dieses Bild legen Sie dann auf den Boden des Tabletts und Ihre vorgegebene Farbfolge an den Anfang, also auf die ersten Markierungen; die Schüssel mit den zu legenden Elementen stellen Sie so, dass die vorgegebene Farbfolge sichtbar ist und nicht eingangs durch etwaiges Anstoßen der Schüssel die Ordnung verlieren kann.

Die Funktion dieses Tabletts ist, dass das Kind ein wiederkehrendes System erfasst und danach zu handeln vermag, also eine Regel erkennt und anwenden kann. Hierbei werden die Wahrnehmung, die Konzentration sowie das logische Denken trainiert.

Altersempfehlung

Die Übung eignet sich für Kinder von sechs bis zehn Jahren.

Büroklammern miteinander verbinden

Bestandteile

- 48 Büroklammern
- ein Behälter

Vorgehen und Zielsetzung

Um diese Übung vorzubereiten, benötigen Sie 48 Büroklammern, die aber nicht alle gleich sein sollen, sondern unterschiedliche Größen haben müssen. Es ist zwar auch möglich, stattdessen verschiedene Farben zu verwenden, allerdings würde dies die Übung erleichtern. Durch die unterschiedlichen Größen bei gleicher Oberfläche der Büroklammern muss das Kind genauer hinschauen, um zu erkennen, dass (ggf. nur geringfügige) Abweichungen vorhanden sind. Sinnvoll ist es, acht unterschiedliche Größen einzusetzen, sodass von jeder Größe sechs Stück vorhanden sind. Hierbei kann zwar von der kleinsten bis zur größten ein großer Unterschied sein, jedoch sollten die Zwischenabstufungen möglichst eng sein, damit sie nicht unbedingt gleich auf den ersten Blick ins Auge fallen. All diese Büroklammern legen Sie gut vermischt in einen offenen Behälter, den Sie auf das Tablett stellen, aber zuvor nehmen Sie von zwei Größen jeweils zwei Klammern heraus. Verhaken Sie diese dann jeweils ineinander, sodass pro Größe zwei Klammern ineinanderstecken, und legen Sie diese auf das Tablett.

Das Kind muss in dieser Aufgabe zum einen die verschiedenen Größen erkennen und verstehen, dass es diese jeweils so ordnen soll, dass alle Klammern einer Größe miteinander verhakt werden. Dabei muss es genau darauf achten, welche Büroklammern ganz gleich sind und welche nicht, und insofern genau hinschauen und die Klammern miteinander vergleichen. Hierdurch werden seine Wahrnehmung und seine Konzentration miteinander verknüpft und verbessert. Auch darf sich das Kind nicht durch die gleiche Oberfläche der Klammern irritieren lassen, es muss also seine Aufmerksamkeit fokussiert in Bezug auf die Größen einsetzen.

Zum anderen muss das Kind die Klammern nicht nur einander zuordnen, sondern sie miteinander verbinden, so, wie Sie es durch die zwei Beispiele schon angefangen haben. Das Kind kann nun die Beispiele genau anschauen und versuchen, zu verstehen, wie die Klammern ineinander verhakt wurden, oder es kann durch Ausprobieren herausfinden, wie es funktioniert. Von Klammer zu Klammer gewinnt es dabei mehr Routine; während es also bei den ersten Klammern immer von Neuem überlegen bzw. probieren muss, geht es bei den letzten Klammern schon fast automatisch.

In dieser Übung werden somit die Wahrnehmung, die Konzentration, die Ausdauer und die Feinmotorik gleichzeitig trainiert; ebenso wird an den Ordnungssinn appelliert und eine logische Denkweise wird unterstützt.

Altersempfehlung

Mit dieser Aufgabe werden Kinder zwischen sechs und zehn Jahren gefördert; bei der Verwendung unter acht Jahren sollten Sie aber eventuell auf die Variante mit den verschiedenen Farben in gleicher Größe zurückgreifen.

Holz-Puzzle

Bestandteile

- ein Holzbrett

Vorgehen und Zielsetzung

Auf diesem Tablett soll das Kind seine Aufmerksamkeit und seine Ausdauer trainieren, indem es ein Holzbrett aus seinen Einzelteilen wieder zusammensetzt.

Sie benötigen hierfür ein Brett, welches die passende Größe für das Tablett hat und eine starke Maserung besitzt (zum Beispiel Kiefernholz). So eine gut erkennbare Maserung des Holzes ist notwendig, damit das Kind das Puzzle zusammensetzen kann. Zerteilen Sie dieses Brett dann in zwölf Teile, indem Sie zweimal der Länge und dreimal der Breite entlang sägen. Um die Schwierigkeit zu erhöhen, können Sie auch mehr Teile erzeugen. Achten Sie darauf, die entstehenden Kanten glatt zu schleifen, damit keine Splitter vorhanden sind. Sie können entweder alle Teile so abmessen, dass sie gleich groß sind, oder Sie sägen in unterschiedlichen Abständen, um unterschiedlich große Stücke zu erzeugen. Sind alle Teile gleich groß, muss sich das Kind nur nach der Struktur des Holzes richten, um zu erkennen, welches Stück wo angesetzt werden muss; wenn die Teile unterschiedlich groß sind, dann wird der Überblick schwerer und das Kind muss sich noch intensiver konzentrieren.

Legen Sie die Stücke des Brettes als Stapel auf das Tablett, allerdings natürlich in vertauschter Reihenfolge. Nehmen Sie jedoch vorher das Teil, welches in die obere linke Ecke des Tabletts gehört, sowie das benachbarte Teil rechts oder unterhalb von diesem heraus und legen Sie diese beiden Stücke an ihre richtige Position. Dies macht dem Kind deutlich, dass es seine Aufgabe ist, die restlichen Stücke ebenfalls auf das Tablett zu legen.

Es wird zunächst versuchen, das auf dem Stapel zuoberst liegende Teil an den Rand eines der beiden positionierten Stücke anzulegen. Dabei wird es bemerken, dass das Muster des Holzes auf die Art nicht ineinander übergeht. Daher wird es dann versuchen, das Stück andersherum oder an einer anderen Kante anzusetzen. Wenn auch dies nicht funktioniert, wird es das Stück beiseitelegen und das nächste ausprobieren, bis es ein passendes gefunden hat. So verfährt das Kind dann weiter, bis das Tablett von den Holzstücken ausgefüllt ist, wobei es zum Ende hin natürlich immer leichter wird und so der eventuell durch den steigenden Zeitaufwand sinkenden Motivation entgegengewirkt wird.

Altersempfehlung

Diese Übung ist, je nach Schwierigkeitsgrad, für Kinder von sechs bis zehn Jahren einsetzbar.

Lego-Muster

Bestandteile

- eine Lego-Grundplatte
- Lego-Steine in verschiedenen Farben

Vorgehen und Zielsetzung

Für diese Übung benötigen Sie ausnahmsweise kein Tablett, da dieses mit großer Wahrscheinlichkeit nicht dem Format einer Lego-Grundplatte entsprechen würde, sondern Sie verwenden stattdessen einfach diese Platte als Tablett.

Denken Sie sich zur Vorbereitung dieser Aufgabe ein Muster aus, welches Sie aus Lego-Steinen legen können. Es sollten dabei alle verwendeten Farben mehrfach vorkommen und es sollte ungefähr ein Viertel der Größe der Lego-Grundplatte haben. Legen Sie dieses Muster dann einmal komplett auf die Grundplatte, am besten in den oberen linken Bereich. Dann legen Sie das gleiche Muster noch einmal mit etwas Abstand genau unter das erste und zweimal auf die rechte Seite. Dabei lassen Sie allerdings jeweils ein paar Lego-Steine weg. Die fehlenden Elemente müssen jeweils andere Farben und andere Positionen haben, es dürfen sich also keine zwei Bilder gleichen. Legen Sie die fehlenden Steine dann in eine Schale und stellen Sie diese zu der vorbereiteten Platte.

Die Aufgabe des Kindes ist es, die drei unvollständigen Muster zu vervollständigen. Hierfür orientiert es sich an der Vorlage oben links und muss sehr genau aufpassen, in welcher Farbe ein Element an welcher Position fehlt. Hat es eines erkannt, sucht es sich den passenden Lego-Stein aus der Schale und setzt ihn ein. So verfährt es, bis alle Muster vervollständigt sind.

Es erfordert viel Konzentration und die Fokussierung des Blicks auf die fraglichen Stellen, das Kind muss immer wieder zwischen der Vorlage und dem lückenhaften Muster hin- und herschauen und sich beim Griff in die Schale merken, welchen Stein es benötigt und wo es ihn hinterher einsetzen muss. Sehr wahrscheinlich wird es sich einige Male irren und bei kritischem Hinschauen – oder, wenn im weiteren Verlauf etwas nicht mehr passt, weil ein benötigter Stein schon vorher eingesetzt wurde – bemerken, dass es etwas korrigieren muss. Wahrnehmung, Ausdauer und Aufmerksamkeit werden mit dieser Übung somit gleichermaßen trainiert.

Hier ist zunächst vorgesehen, dass alle Steine gleich groß sind, da es schon schwierig genug ist, die Position und die Farbe der fehlenden Elemente zu erkennen. Als Erweiterung ist aber auch denkbar, dass Sie unterschiedliche Formen und Größen von Lego-Steinen einsetzen; hier muss das Kind dann zwischen Form, Farbe und Position kombinieren und insofern noch konzentrierter sein.

Altersempfehlung

Je nach Schwierigkeitsgrad ist dieses Aktionstablett für Kinder von sechs bis zehn Jahren (oder auch älter) geeignet.

Fazit

Jedes Kind ist einzigartig. Denn jeder Mensch ist ein Individuum. Einem Individuum kann man aber eigentlich nicht vorschreiben, in welcher Phase seines Lebens es welche Fähigkeiten und Fertigkeiten wie gut beherrschen muss. Und doch gibt die Gesellschaft uns vor, wie wir wann zu sein haben, sie setzt Normen, anhand derer beurteilt wird, welche Entwicklung normal ist und welche nicht. Diese Vorgaben gehören – neben anderen, die aus der Genetik, dem eigenen Inneren und dem Familien- und Freundeskreis resultieren – zu den Entwicklungsaufgaben, wie sie von Havighurst und Hurrelmann festgestellt wurden, und sind somit Herausforderungen, mit denen wir leben und an denen wir wachsen müssen. Die hier vorgestellten Aktionstabletts sollen Ihnen deshalb einen Weg bieten, den Spagat zwischen den Anforderungen, die an die Entwicklung des Kindes gestellt werden, und seiner individuellen Persönlichkeit zu bewältigen.

Mit den teils weiter, als Piagets Entwicklungsmodell es vorsieht, gefassten Einstufungen der Altersempfehlungen bei den Tabletts soll der Tatsache Rechnung getragen werden, dass die kognitive Entwicklung eines Kindes oft schneller voranschreitet oder langsamer verläuft, als es pauschal vermutet werden kann. Aus diesem Grund kann es auch sein, dass Sie ein Tablett auch außerhalb einer (ggf. auch eng gefassten) Altersempfehlung anwenden können, insbesondere dann, wenn Ihr Kind ein Jahr jünger oder älter ist als in der Empfehlung, da die Übergänge fließend sind und nur Sie als unmittelbare Bezugsperson des Kindes einschätzen können – und müssen –, welche Aufgaben für Ihr Kind in seiner aktuellen Phase lösbar sind und es genug fordern, um es in seiner Entwicklung zu fördern.

Hilf mir, es selbst zu tun – diese Bitte, mit der sich ein Mädchen einst an Maria Montessori wandte, fasst auf unbedarfte Art das in Worte, was der Schlüssel zum besten Weg des Lernens ist und damit die Entwicklung eines kindlichen Individuums am effektivsten fördert. Kinder brauchen – und wollen – keinen Frontalunterricht, keine Anweisungen, keine Vorgaben, kein „So macht man das", sondern nur eine Aufgabe, die sich von selbst erklärt und das Kind motiviert, sie zu lösen. Auf diese Weise erlernt ein Kind die Fähigkeiten und Fertigkeiten, welche es erlernen muss (den äußeren Entwicklungsaufgaben entsprechend) und gleichzeitig auch erlernen kann (seinen eigenen Voraussetzungen gemäß). Jedoch geschieht dies in seiner eigenen Herangehensweise, da es selbst herausfinden darf, was zu tun ist, und einen eigenen Weg finden muss, wenn es das Ziel erreichen möchte.

Auf diese Art werden nicht nur seine Kompetenzen in bestimmten Bereichen wie Sprache, Mathematik und Konzentrationsfähigkeit sowie seine allgemeinen körperlichen und geistigen Voraussetzungen wie Feinmotorik, Wahrnehmung und logisches Denken gestärkt, sondern es wird zudem auch seine Selbstständigkeit gefördert, sein Selbstbewusstsein erhöht, sein Zutrauen in die eigenen Kompetenzen erweitert und nebenbei noch die positive Bindung zwischen Elternteil und Kind ausgebaut. Und, was noch ganz wichtig ist: Das Kind befasst sich mit realen, greifbaren Dingen, muss seinen Verstand selbst, ohne vorprogrammierte Lösungswege, betätigen und seine Finger in natürlichen Bewegungen, nicht in Tastenkombinationen, steuern.

So bieten Aktionstabletts eine wertvolle und interessante Möglichkeit, Ihr Kind wegzuholen von Computern, Fernsehern, Handys, fiktiven Welten, vorinterpretierten Eindrücken, Zweite-Hand-Erfahrungen und pseudo-kommunikativer Vereinsamung im virtuellen Raum, und ihm stattdessen zu helfen, sich selbst zu helfen, sich im besten Sinne normal zu entwickeln.